LEONARD CHINEDU
OZOUGWU

KRAFT
FÜR DAS TÄGLICHE
LEBEN
(Die Freude der Fastenzeit)

**Mutmachende Worte für jeden Tag,
besonders für die Fastenzeit Lesejahr A II**

novum ✦ pro

Dieses Buch ist auch als
e-book
erhältlich.

www.novumverlag.com

Bibliografische Information
der Deutschen Nationalbibliothek:

Die Deutsche Nationalbibliothek
verzeichnet diese Publikation in
der Deutschen Nationalbibliografie.
Detaillierte bibliografische Daten
sind im Internet über
http://www.d-nb.de abrufbar.

© 2020 novum Verlag

ISBN 978-3-99107-315-4
Lektorat: Bianca Brenner
Umschlagfotos: Elena Schweitzer,
Artselectory | Dreamstime.com
Umschlaggestaltung, Layout & Satz:
novum Verlag
Innenabbildungen:
Leonard Chinedu Ozougwu
Autorenfoto: Katharina Lacko Fotografie

Gedruckt in der Europäischen Union
auf umweltfreundlichem, chlor- und
säurefrei gebleichtem Papier.

www.novumverlag.com

Inhaltsverzeichnis

Vorwort von Univ.-Prof. Dr. Johann Pock

Auf dem Weg zur Auferstehung

Pfarrer Leonard Ozougwu ist ein spiritueller Begleiter. Seine Erfahrungen aus seiner Heimat in Nigeria und aus den österreichischen Begegnungen spiegeln sich wider in dem Weg, den er für die Fastenzeit auf dem Weg nach Ostern anbietet. Im Zentrum steht der feste Glaube an Jesus, der tot war und lebt. Jesu Botschaft riss Mauern ein: zwischen Reichen und Armen, zwischen Nationen und Religionen, zwischen Frauen und Männern. Die Botschaft der Auferstehung steht im Fokus der Mission: Leben ist stärker als der Tod. Und Leben ist das, was Gott einem jeden Menschen anbietet, ein Leben in Fülle.

Das vorliegende Buch möchte einladen, sich auf den Weg der Selbstfindung zu begeben – im Blick auf Jesus, der uns Begleiter ist. Leonard Ozougwu bringt dabei seine persönlichen Erfahrungen, seine Begegnungen mit den Menschen als Pfarrer, seine Erkenntnisse als Wissenschaftler und mit der Bibel Vertrauter ein.

Das Buch möge vielen Menschen eine spirituelle Hilfe sein und ein Wegbegleiter nicht nur in der Fastenzeit, sondern auch in den verschiedenen Phasen der geistlichen Suche im Leben.

Univ.-Prof. Dr. Johann Pock
Universität Wien

Vorwort von Andreas Schätzle

„Die Leute mögen es, wenn das Evangelium so gepredigt wird,
dass man die Salbung spürt."
Papst Franziskus

Liebe Leserin, lieber Leser!
Lieber Leonard!

Woran man einen guten Priester erkennt, beschreibt Papst Franziskus in seiner Predigt zur sog. Chrisammesse am Gründonnerstag 2013. In der Chrisammesse der Karwoche werden in den einzelnen Diözesen die Öle für die Kranken und die Katechumenen, für die Taufen, Firmungen und die verschiedenen Weihen – so auch das Chrisam – geweiht. In dieser Chrisammesse erneuern die Priester, die um ihren Bischof versammelt sind, ihre Versprechen, die sie bei ihrer Priesterweihe gegeben haben. Chrisam heißt Salbung, Christus ist der Gesalbte, der Messias. Christen sind die Gesalbten, die in Taufe und Firmung Anteil bekommen an der dreifachen Salbung Christi, der gesalbt ist, zum Priester, König und Propheten. Täuflinge und Firmlinge werden auf der Stirn gesalbt; der Priester erhält bei seiner Weihe eine zusätzliche Salbung mit dem Chrisam. Seine Handflächen werden vom Bischof gesalbt zur Befähigung, die Gaben von Brot und Wein entgegenzunehmen, sie zu wandeln und als Jesu Leib und Blut auszuteilen.

„Den guten Priester erkennt man daran, wie sein Volk gesalbt wird. Das ist ein deutliches Beweismittel. Wenn die uns anvertrauten Menschen mit dem Öl der Freude gesalbt werden, ist das zu merken – zum Beispiel, wenn sie aus der Messe kommen mit dem Gesicht dessen, der eine gute Nachricht erhalten hat. Die Leute mögen es, wenn das Evangelium so gepredigt wird, dass man die Salbung spürt, sie mögen es, wenn das Evangelium, das wir predigen, ihr Alltagsleben erreicht, wenn

es die Grenzsituationen, die „Randgebiete" erleuchtet. Die Leute dan-
ken uns, weil sie spüren, dass wir unter Einbeziehung der Situation
ihres Alltagslebens gebetet haben, mit ihren Leiden und ihren Freuden,
ihren Ängsten und ihren Hoffnungen. Und wenn sie spüren, dass der
Duft des Gesalbten schlechthin, der Duft Christi, durch uns zu ihnen
kommt, fühlen sie sich ermutigt, uns all das anzuvertrauen, von dem
sie möchten, dass es den Herrn erreiche."

(Papst Franziskus, Gründonnerstag, 28. März 2013)

In einem der Weiheversprechen des Priesters heißt es: „Bist Du
bereit, in der Verkündigung des Evangeliums und in der Dar-
legung des katholischen Glaubens den Dienst am Wort Gottes
treu und gewissenhaft zu erfüllen?" Diesen Dienst am Wort und
an der Lehre erfüllt unser lieber Mitbruder Leonard mit großer
Treue, monatelang in Radio Maria, täglich mit allen, die seine Betrachtungen lesen oder hören. Leonard tut es in der Weise des guten Priesters, der sein Volk salbt, weil er selbst das Öl
der Freude in der Betrachtung des Evangeliums empfängt. Aus
der Lebendigkeit der biblischen Szenen und Personen übersetzt
er es uns ins Alltagsleben und lässt das Öl der Freude und des
Trostes, der Heilung und der Stärkung bis in die Randgebiete menschlicher Grenzsituationen fließen. So werden aus Le-
sern und Hörern wirkliche Liebhaber und Geliebte des Wortes.
  Lieber Leonard, wir danken Dir für Deinen wunderbaren
und gesalbten Dienst am Wort. Höre nicht auf, uns mit dem
Duft Christi, dem Öl seiner Liebe, zu salben.

Dein Andreas Schätzle
Radio Maria Österreich, am Herz-Jesu-Fest 2020

Aus der Mission in die Mission

Dr. Leonard Chinedu Ozougwu ist nicht nur ein fundierter Theologe, sondern auch ein pfarrlich erprobter Seelsorger. Wie in seiner eigenen Biografie gelingt es ihm auch in seinen täglichen Gedanken zu den liturgischen Texten des Tages den Bogen zwischen dem tiefen theologischen Schatz der Bibel und den Bedürfnissen der Orientierungssuchenden von heute zu spannen. Die Alltagstauglichkeit und Treffsicherheit, durch die sich seine Texte auszeichnen, beweisen, wie weltumspannend und aktuell Gottes Wort ist. Pfarrer Leonard begann vor drei Jahren, per WhatsApp täglich Impulse zu den Tageslesungen an interessierte Pfarrmitglieder zu schicken. Der Kreis wuchs schnell an und reicht von Jung bis Alt. Ob Hausfrau, Berufsschullehrer, Altenbetreuerin oder Firmenchef – egal in welcher beruflichen oder privaten Situation, alle können sich auf die verlässliche Initialzündung am Morgen verlassen. Hier halten Sie nun die erste gebundene Ausgabe dieser Gedanken in Händen – so wie es begonnen hat: mit den Impulsen zur Fastenzeit des Lesejahrs A II.

Mögen die Gedanken auch Sie bereichern

Dr. Stephanie Merckens
Referentin für Biopolitik, Bioethik und Lebensschutz
Institut für Ehe und Familie

Einleitung

Dieses Büchlein soll eine Einladung und Begleitung zur täglichen Einkehr und zum Auftanken von göttlicher positiver Energie für das eigene Leben sein. Der Inhalt ist durchaus inspiriert durch die Schriftlesungen der Fastenzeit Jahr A II. Ist es ursprünglich als Fastenzeitbegleitung gedacht, so ist es doch ein nützliches Werkzeug für jede Zeit zum seelischen Neuwerden. Es lädt ein, sich Zeit zu nehmen, um alte, falsche Verhaltensweisen abzulegen und neue, hilfreichere anzueignen. Es ist auch eine Hilfe für Zeiten (etwa eine Fastenzeit oder Einkehrtage), in denen wir uns von schädlichen Einstellungen entleeren, die unser Glück verhindern können, um unser Leben mit neuem, Freude bringendem Verhalten zu füllen. Wie mit unseren Handys, so ist es auch mit unserer Seele. Wenn der Handyspeicher voll ist, müssen wir weniger nützliche Daten, Bilder und Videos löschen, um mehr Speicherplatz zurückzugewinnen. Die Inhalte dieses Buches sollen helfen, Pessimismus, Egoismus, Hochmut, Bitterkeit, Feindseligkeit, Neid, Eifersucht, Gottlosigkeit, üble Gedanken, Worte und Taten zu beseitigen, oder zumindest zu minimieren. Wir tun dies, um mehr Raum für Gebete, für das Wort Gottes, für gute Taten zu gewinnen und unsere Beziehung zu Gott und zu unseren Mitmenschen, insbesondere zu den Armen, zu verbessern. Herzlich wünsche ich eine bereichernde Leseerfahrung.

Du bist Asche und zur Asche kehrst du zurück

Joel 2,12–18,2 Kor 5,20–6,2, Mt 6,1–6.16–18

Die Asche ist ein religiöses Symbol, das in mehreren Religionen Reue, Demut und Reinigung ausdrückt. In der christlichen Tradition ist sie das Hauptsymbol für den Beginn der Fastenzeit. Am Aschermittwoch werden die Gläubigen mit einem Aschenkreuz auf der Stirn markiert – eine Einladung zur Buße, aber auch zum Nachdenken, dass wir Menschen in der Vergänglichkeit der Zeit leben und letztlich einmal sterben werden. Wer dies versteht, lebt freier und glücklicher. Die Asche, mit der wir unsere Stirn mit dem Zeichen des Kreuzes markieren, kommt von den gesegneten Palmen des Palmsonntags des Vorjahres. Die getrocknete Palme wird in Brand gesetzt, sie verwandelt sich in Asche. So soll das Feuer des Gebets, des Fastens und der Nächstenliebe uns zu demütigeren, wohltätigeren und fröhlicheren Menschen verwandeln. Ja, das Ziel unserer ganzen Fastenpraktiken soll innerliches Neuwerden sein, denn das garantiert uns Freude, solche, die der heilige Paulus mit dem Reich Gottes gleichsetzt (Röm 14,7). Diese Freude entspringt vom Tiefsten unseres Herzens und durchdringt unser ganzes Sein. Je mehr wir unsere innerste Kammer (unser Herz/unsere Seele) erreichen, desto besser gelingt uns diese Freude. Darum sagt der Prophet Joel: Zerreißt eure Herzen, nicht eure Kleider, und Jesus selbst lockt uns mit seinem Wort weg von den Äußerlichkeiten und in die Kammer unserer Seele. Unsere Fastenübungen – Gebet, Fasten, Verzicht, Werke der Barmherzigkeit – sollen uns helfen, weg von den äußeren Ablenkungen zu kommen, um sicherer Gott in unserer innersten Kammer zu finden und uns mit ihm dort zu versöhnen. Möge uns alles, was wir uns in dieser Zeit freiwillig vornehmen, egal wie viel oder wie wenig, viel Freude und Begeisterung bereiten.

Gott segne dich!

Wähle also das Leben, damit du lebst

Dtn 30,15–20/Lk 9,22–25

Unser Leben wird bestimmt durch unsere freiwilligen Entscheidungen, durch die Wahl, die wir treffen. Mose sagt: Wähle also das Leben, damit du lebst. Ist es gescheit, wenn wir freiwillig eine Wahl treffen, die uns nur Probleme bringt? Ist das klug? Jesus fragt uns heute: Was nützt es einem Menschen, wenn er die ganze Welt gewinnt, dabei aber sich selbst verliert und Schaden nimmt? Möge der Herr uns helfen, damit wir nur Gutes für uns wählen und dass wir auch zu unserer guten Wahl oder Entscheidung stehen, auch wenn es nicht ganz leicht ist.

Gott segne dich!

Ein Fasten, wie Gott es liebt

Jes 58,1–9a/Mt 9,14–15

Es genügt nicht, einfach zu hungern im Sinne von Fasten. Ein richtiges Fasten, so wie es dem Herrn gefällt und das uns von vielen seelischen Lasten befreien kann, sollte von der Liebe zu Gott und unserem Nächsten begleitet sein. Grund ist: Was wir unseren Mitmenschen tun, das tun wir Gott. Wenn wir fasten und trotzdem absichtlich jemanden verletzen, verletzen wir Gott. Nach dem Propheten Amos ist dies das Fasten, das dem Herrn gefällt: die Fesseln des Unrechts zu lösen, die Stricke des Jochs zu entfernen, die Versklavten freizulassen, jedes Joch zu zerbrechen, an die Hungrigen dein Brot auszuteilen, die obdachlosen Armen ins Haus aufzunehmen, wenn du einen Nackten siehst, ihn zu bekleiden und dein gutes Versprechen zu halten. Papst Franziskus wiederholt den gleichen Sinn des Propheten mit anderen Worten: faste verletzende Worte, sag freundliche Worte; faste Traurigkeit, sei mit Dankbarkeit erfüllt; faste Wut, sei mit Geduld erfüllt; faste Pessimismus und sei mit Hoffnung erfüllt; faste dir Sorgen zu machen und vertraue auf Gott; faste dich zu beschweren und übe Einfachheit; faste Stress, bete; faste Bitterkeit, erfülle dein Herz mit Freude; faste Selbstsucht und sei mit anderen barmherzig; faste Groll und versöhnt euch; faste Worte und schweige, damit du zuhören kannst. Gottes Erbarmen sei mit uns, während wir versuchen, einiges von diesem umzusetzen.

Gott segne dich!

Barmherzige Liebe

Jes 58,9b–14/Lk 5,27–32

Barmherzige Liebe (in Gedanken, Worten und Werken) bewirkt Wunder, sowohl in unserer Beziehung mit anderen als auch in unserer Beziehung mit Gott. Barmherzige Liebe hier kann heißen, den Bedürftigen freiwillig materielle und nicht materielle Hilfe zu schenken, oder eine Spende eigener Zeit und Fähigkeit, um anderen Freude zu bereiten. Die größte Art dieser Liebe ist die freiwillige Selbsthingabe zu Gott, wie sie der Apostel Matthäus praktiziert hat. Der Prophet Jesaja sagt: Wenn du der Unterdrückung bei dir ein Ende machst, auf keinen mit dem Finger zeigst und niemand verleumdest, dem Hungrigen dein Brot reichst und den Darbenden satt machst, dann geht im Dunkel dein Licht auf, und deine Finsternis wird hell wie der Mittag. Der Herr wird dich immer führen, auch im dürren Land macht er dich satt und stärkt deine Glieder. Du gleichst einem bewässerten Garten, einer Quelle, deren Wasser niemals versiegt. Mutter Teresa von Kalkutta gab sich hin für Gott und ihre Mitmenschen. Der Journalist Malcolm Muggeridge nannte sie und ihre Werke „Something beautiful for God" (Etwas ganz Schönes für Gott). Vielleicht können wir nicht ein Apostel Matthäus oder eine Mutter Theresa sein, aber wir können „Something beautiful" – „etwas ganz Schönes" – für Gott und für unsere Mitmenschen sein, nämlich durch unsere barmherzige Liebe in Gedanken, Worten und Werken, und zwar in unserem Familien- und Freundeskreis und wo auch immer wir uns befinden. Möge deine barmherzige Liebe Wunder für dich bewirken, möge sie Freundschaften für dich ermöglichen!

Gott segne dich!

Versuchungen zur Sünde besiegen

Gen 2,7–9; 3,1–7/Röm 5,12–19/Mt 4,1–11

Sünde ist Verletzung gegen Gott, unsere Mitmenschen oder uns selbst. Es gibt zwei Haltungen gegenüber der Sünde: sie zu verbergen oder von uns selbst wegzuschieben, indem wir andere für unser Vergehen beschuldigen, wie Adam und Eva es zu tun versuchten. Diese Haltung macht unsere Probleme komplexer und verzögert unsere Heilung. Die zweite Haltung ist, Unrecht oder Sünde zuzugeben und zu bekennen. So können wir die Gnade Gottes nutzen, um Heilung zu bekommen für die Sünden, die eben seelische Wunden sind. Nach dem heiligen Paulus ist Gottes barmherzige Gnade in dieser Hinsicht grenzenlos. Seine Bereitschaft zu vergeben steigt mit zunehmender Sünde (vgl. 2 Kor 12,9). Nur müssen wir ehrlich darum bitten. Warum aber sündigen wir überhaupt? Versuchung ist der Grund! Wir sind alle anfällig für Versuchungen. Jesus hat auch Versuchungen erlebt! Er wurde mit Reichtum, Besitz und Ruhm versucht, und weil er nach seinem Fasten hungrig war, wurde er auch mit Essen versucht. Der Versucher (der Teufel) weiß, was wir uns wünschen und wonach wir uns sehnen. Und genau um diese Bedürfnisse will er seine Falle der Versuchung für uns legen. Jesus hat ihn durch Gebet, Fasten und seine gute Erkenntnis des Wortes Gottes besiegt.

Seien wir achtsam bezüglich unserer Bedürfnisse und Wünsche. Sie sind Anziehungspunkte der Versuchung gegen uns. Aber wir sollen keine Angst vor Versuchungen haben, sondern sie, wie Jesus, mit Gebet, Fasten und Gottes Wort besiegen. Wenn wir aber fallen, können wir schnell zu Gottes Gnade und Barmherzigkeit zurückkehren, indem wir unsere Sünden annehmen und bekennen. Gott wird uns die Kraft geben, neu zu beginnen, und zwar glücklicher und stärker. So möge Gott uns helfen.

Gott segne dich!

Tätige Nächstenliebe ebnet den Weg in den Himmel

Lev 19,1–2.11–18/Mt 25,31–46

Eine der am häufigsten gestellten Fragen an Jesus war: Meister, was muss ich tun, um das Himmelreich zu gewinnen? Der Grund für diese Frage ist ganz verständlich. Jeder normale Mensch will nach den Mühsalen dieses Lebens einen bequemen Ort der Ruhe. Jesus antwortet mit einem Gleichnis: das Endgericht. Die Botschaft dabei ist: Wir brauchen nicht Außergewöhnliches zu tun oder außergewöhnliche Menschen zu sein, um an den Ort der unendlichen Freude zu kommen. Alles, was wir brauchen, ist die Angewohnheit, andere zu lieben und zu helfen, wie wir es uns für uns wünschen würden. Lasst uns jetzt diese Übung gemeinsam machen: schließe deine Augen. Stell dir vor, du bist ein Hungriger, Durstiger, Blinder, Kranker, Inhaftierter, Obdachloser, Einsamer und Verlassener da draußen. Was würdest du dir von anderen Menschen wünschen? Tu nur das und der Himmel ist schon dein. So können wir auch solche Worte vermeiden wie: weg von mir … in das ewige Feuer. Herr, schenke uns den Geist des Mitfühlens (Empathie) und ein liebendes Herz!

Gott segne dich!

Kraftvolle Gebete kommen von Herzen

Is 55,10–11/Mt 6,7–15

Gebete sind Worte. Diese Worte können aber etwas bewirken, wenn sie ehrlich und von Herzen sind. Jesus kritisiert Gebete, die nicht von Herzen kommen. Er meint: „Wenn ihr betet, sollt ihr nicht plappern wie die Heiden." Das Plappern der Heiden sind auch Worte. Der Unterschied liegt nur darin, wo das Gebet herkommt, vom Herzen oder vom Kopf. Hast du einmal gefragt, warum Menschen zum Gebet ihre Augen schließen? Damit sie von Herzen sprechen können. Darum hat das Herzensgebet in der christlichen Tradition einen sehr hohen Stellenwert. Wenn das Herz spricht, sind es immer kraftvolle Worte, auch wenn Grammatik und Syntax nicht perfekt sind. Hanna im Alten Testament schüttete ihr Herz vor Gott aus, weil sie wegen ihrer Kinderlosigkeit verspottet wurde. Ihre Lippen haben nur gezittert, während sie mit ihrem ganzen Herzen betete. Kein deutliches Wort war zu hören. Der Priester Elkana meinte, sie sei betrunken. Der Herr hat sie aber erhört und ihr einen Sohn, Samuel, geschenkt.

Zum Glück schenkt uns Jesus Worte, mit denen wir zum Vater sprechen können – das Vaterunser. Das ist unsere beste Anleitung fürs Gebet überhaupt. Der erste und wichtigste Teil davon ist Dank/Lobpreis und Anbetung des Vaters, dann erst folgt die Bitte. Es möge uns immer wieder gelingen, dieses Gebet und andere Gebete vom Herzen her zu beten und nicht vom Kopf, und dass wir, wenn wir mit unseren Worten beten, das Dankgebet als das erste und wichtigste halten. Der Herr möge all unsere Gebete hören und erhören.

Gott segne dich!

Auf Gottes Warnungen achten

Jona 3,1–10/Lk 11,29–32

Gottes liebende Gegenwart ist uns so nahe! Wir können es uns nicht einmal vorstellen. Er zeigt uns das durch so viele Wege. Einer davon ist ein Warnsignal. In den alten Zeiten waren das die prophetischen Stimmen wie die von Jona. Gott sandte Jona, um die Menschen in Ninive vorzuwarnen. Die Botschaft Jonas war einfach: liebe Leute, eure Zeit ist aus. Ihr werdet in 40 Tagen wegen eurer Sünden zerstört werden. Jetzt haben die Bewohner von Ninive eine Reihe von Optionen: 1. Diese Nachricht zu vernachlässigen, weil sie den Träger nicht kennen. 2. Zu argumentieren: „Wie kann eine solch strenge Warnung von einem liebenden Gott kommen?" 3. Aufzugeben: „Na ja! Wenn unsere Zeit schon vorbei ist, dann werden wir schön was anstellen, damit wir die Strafe richtig verdienen." 4. Die Botschaft anzunehmen, aber dann zu ignorieren, nach dem Motto: „Es wird irgendwann wieder gut." 5. Die Botschaft anzunehmen und sich zu verändern, vertrauend auf Gottes barmherzige Liebe. Zum Glück wählten sie die letzte Option. So wurden sie gerettet. Halleluja!

Es kommt immer darauf an, wie wir auf die liebenden Warnungen Gottes reagieren. Jesus zeigte seine Unzufriedenheit mit den Menschen seiner Generation. Warum? Sie verlangten immer noch nach zusätzlichen Signalen, ohne die ihnen bereits gegebenen wahrzunehmen. Die Niniviten nahmen ihr Warnsignal, Jonas Botschaft, an und es ging ihnen wieder gut. Wer weiß, was unsere Warnsignale heute sein mögen: Eine WhatsApp-Botschaft oder ein YouTube/Facebook-Video zum Nachdenken; eine Predigt in der Kirche oder im Radio; ein unangenehmer Ratschlag, eine unangenehme Frage von einem Menschen, der uns nahe ist, oder sogar von unserem Kind; die Treue eines Hundes oder einer Katze …? Es kann auch Krankheit, Unfall oder Verlust eines lieben Menschen sein. Das stärkste von Gottes liebenden Warnsignale ist das Wort Gottes, Jesus selbst. Die Frage ist, was unsere Antwort darauf ist. Wir haben immer die Freiheit, aus den oben angeführten Optionen eins bis fünf auszusuchen. Gott helfe uns, die fünfte Option zu wählen, so wie die Niniviten.

Gott segne dich!

Wie wichtig ist das Bittgebet!

Est 4,17k.17 l–m.17r–t/Mt 7,7–12

Es ist wahr, dass Danksagung der erste Teil eines guten Gebets ist, aber Bitten ist auch ein sehr wichtiger Teil, der nicht durch Danksagung ersetzt werden kann. Jesus unterstützt diese Idee, wenn er sagt: „Bittet, dann wird euch gegeben; sucht, dann werdet ihr finden; klopft an, dann wird euch geöffnet."(Mtt. 7,7–12). Wir schätzen das Bittgebet mehr, wenn wir hilflos sind angesichts der Gefahr, wie Königin Esther in der heutigen ersten Lesung. Sie war eine jüdische Königin des persischen Königs Xerxes (auch Artaxerxes oder Ahasverus genannt). Ein Mann namens Haman überzeugte den König, alle Juden im Land zu töten. So betete Esther zum Herrn. Es war ein sehr kraftvolles Gebet. Was ich in ihrem Gebet noch interessanter finde, ist, wie sie sich daran erinnert, was der Herr für ihre Vorfahren getan hat: „Von Kindheit an habe ich in meiner Familie und meinem Stamm gehört, dass du, Herr, … unsere Väter aus allen ihren Vorfahren als deinen ewigen Erbbesitz ausgesucht hast und hast an ihnen gehandelt, wie du es versprochen hattest" (Esther 4). Diese Erinnerung an die Liebe Gottes für ihr Volk wurde dann für Esther ihre Vertrauensbasis; eine Bestätigung, dass Gott der Richtige ist, zu dem man seine Sorge bringen darf und dass sie an ihm nicht zu zweifeln braucht. Dies wirkt motivierend beim Beten.

Habe ich so eine Vertrauensbasis im Glauben, d. h. einige Erlebnisse der barmherzigen Liebe und des Wunders Gottes, von wo ich sowohl im Gebet als auch in Zeiten der Verzweiflung Kraft ziehen kann? Lasst uns Zeit nehmen, in die Geschichte unserer Erfahrung mit Gott zurückzublicken, um zu ermitteln, was unsere Vertrauensbasis im Glauben an Gott sein möge. Lassen wir solche Erlebnisse unseren Glauben an Gott stärken und unsere Motivation zum Beten anfeuern. Und möge Gott immer unser Gebet erhören.

Gott segne dich!

Vergebung ist Befreiung sowohl für Opfer als auch für Täter

Ez 18, 21-28/Mt 5, 20-26

Laut Jesus hat Vergebung einen sehr hohen Stellenwert in unserer Beziehung zueinander und zu Gott. Sie ist so wichtig, dass sie einen Teil des „Vaterunser" bilden musste: „Vergib uns unsere Schuld, wie auch wir vergeben unseren Schuldigern." Weiter sagt Jesus: „Wenn ihr den Menschen ihre Verfehlungen vergebt, so wird auch euer himmlischer Vater euch vergeben." Der radikalste Spruch Jesu an Vergebung allerdings ist: Wenn du deine Opfergabe zum Altar bringst und dir dabei einfällt, dass dein Bruder etwas gegen dich hat, so lass deine Gabe dort vor dem Altar liegen; geh und versöhne dich zuerst mit deinem Bruder, dann komm und opfere deine Gabe (Mt 5,20–26).

Ja, wirklich? Hier gilt es zu fragen, warum sollten wir sogar unseren Schuldigern vergeben? Die Antwort für mich liegt in zwei Formen der Verbundenheit unseres Seins. 1. Wir Menschen sind so sehr miteinander verbunden, dass das, was ich für eine andere Person mache oder einer anderen Person antue, auch auf mich selbst Auswirkungen hat. Die Südafrikaner erkennen diese Tatsache mit dem Wort „Ubuntu" an – „Ich bin, weil du bist." Wenn also jemand mich verletzt, hat sich diese Person selbst verletzt, weiters hat sie unser gemeinsames Sein verletzt. Wenn ich ihm verzeihe, heile ich zunächst mich selbst, aber auch den anderen. Wenn ich nicht verzeihe, bleibt die Wunde für uns beide und für die gesamte Menschheit. Wenn ich zurückschlagen sollte, dann füge ich mehr Wunden zu der bereits vorhandenen hinzu. Am Ende des Tages sind wir alle „zerstört". 2. Unsere Verbundenheit mit Gott: Grundsätzlich wohnt Gott in jedem Einzelnen von uns, so dass wir jemanden nicht hassen oder verletzen können, ohne in irgendeiner Weise Gott zu hassen oder zu verletzen. Darum ist es für Jesus lächerlich, Gott auf dem Altar Opfer zu bringen, wenn wir in Feindschaft mit unseren Mitmenschen leben. Dies gleicht Feindschaft mit Gott, der in unserem Mitmenschen wohnt. Wenn die Menschheit diese Weisheit Jesu verinnerlichen würde, dann wird es klar, wie dumm es ist, Kriege zu führen und einander zu töten. Tatsächlich bin ich nicht ganz ich ohne dich. So bitte ich allen, vergeben wir einander ständig. Um diesen Geist der Vergebung bitten wir, Herr.

Gott segne dich!

Um heilig zu sein wie unser himmlischer Vater

Dtn 26,16–19/Mt 5,43–48

„Aber ich sage euch, liebe deine Feinde und bete für die, die dich verfolgen." (Mt 5,44) „Manchmal sagt oder tut Jesus Dinge, wo man denkt, er ist von Sinnen."(Mk 3,21) Wie kann man sagen: Liebe deine Feinde? Wer tut so was? Solche schwierigen Texte bringen uns auf die Knie im Gebet: „Herr, was willst du uns hier sagen?"

Sowohl Mose als auch Jesus lehren uns „Liebe deinen Nächsten wie dich selbst". „Wie dich selbst" bedeutet, dich in deinen Nächsten zu versetzen und „anderen das zu tun, was du von ihnen erwartest". (Mt 7,12) Nehmen wir nur als Beispiel, dass ich der Feind bin, der bereit ist, unschuldige Menschen zu verletzen oder sogar zu töten, was würde ich mir von den anderen wünschen? Dass sie mich sofort töten? Sicher nicht! Ich würde mir wünschen, dass sie für meine Bekehrung beten; dass ich mich ändern kann. So kombinierte Jesus LIEBE und GEBET für die Feinde in seiner Empfehlung. Das heißt, Feindesliebe gelingt in erster Linie durch Beten für den Feind. Die Botschaft Jesu ist also, versetze dich in die Lage deines Feindes und du wirst sehen, du würdest dir wünschen, dass man für dich betet, damit du eine Chance bekommst, dich zu ändern.

Viele ehemalige Verbrecher, die durch von Liebe motiviertes Gebet gerettet worden sind, widmen sich dem Gebet für andere Verbrecher. Durch ihre eigene Erfahrung haben sie verstanden, dass ein Verbrecher arm ist; er braucht Gebet und Liebe. Und diese Liebe ist die einzige Kraft, die fähig ist, einen Feind in einen Freund zu verwandeln.

Die Welt belohnt Hass mit Hass, aber Jesus lehrt uns, Hass mit Liebe zu erwidern. Gott, der Vater, tut es schon; er lässt seinen Regen und seine Sonne alle erreichen, die ihn lieben, und auch die, die ihn hassen; die ihn zu schätzen wissen und die ihn verachten. Darum ist er selbst die Liebe. Er wird nicht aufhören zu lieben, nur weil der Empfänger seiner Liebe sie nicht schätzt. Liebe ohne Maß ist das Maß der Liebe, so Franz von Sales. Der einzige Weg, wie man sich in etwas perfektionieren kann, ist, es immer (weiter) zu tun. Der einzige Weg also, ein liebender Mensch zu sein, ist, immer zu lieben, auch wenn es weh tut, auch wenn es nicht geschätzt wird, und auch dann, wenn es zum Tode führt. Jesu Auferstehung hat uns gelehrt, dass die Liebe sogar stärker ist als der Tod. Der Liebende verliert nur dann, wenn der Hass des Hassenden ihn zwingt zu hassen. Ein überzeugter Liebender also liebt immer (auch angesichts der Verfolgung) – so wie es Felizitas und Perpetua getan haben. Sie mögen für uns beten. Herr, entzünde deine Liebe in uns.

Gott segne dich!

Durch die Beziehung mit Gott werden wir verwandelt

Gen 12,1–4a/2 Tim 1,8b–10/Mt 17,1–9

Unsere Beziehung zu Gott, die besonders durch Gebet, Liturgie und Anbetung ausgedrückt wird, besteht nicht aus bloßen Zeremonien und leblosen Programmen. Nein! Es geht um Erfahrungen, die unser Leben verwandeln und die uns freudig und dankbar sein lassen. Gott hat das an Abraham gezeigt. Er nahm ihn von seinen Verwandten weg und verwandelte ihn zu einem Segen und einer Quelle des Segens. Ebenso nahm Jesus seine Jünger auf einen hohen Berg, wo er in ihrer Gegenwart verklärt wurde. Die Strahlen des Lichts, die von ihm ausgingen, verwandelten alles um ihn herum, einschließlich seiner Jünger. Sie waren so erfreut und wünschten, sie blieben dort am Berg und kehrten nicht mehr zurück. Es gibt eine Macht, die von Gott her kommt. Diese Macht kann unser Leben verwandeln. Wenn wir Gott näher kommen, können wir die Wirkung seiner verwandelnden Macht fühlen. Die Frage ist nun: Wie kommen wir ihm nahe? Gott, der Vater, antwortet uns: „Das ist mein geliebter Sohn, hör auf ihn." Das heißt, das Wort Gottes zu hören, das in Jesus Fleisch geworden ist, bringt uns näher zu Gott. Das erklärt auch, warum Elijah (der wichtigste Prophet von allen) und Mose (der Vermittler des Gesetzes) dort am Verklärungsberg waren. Als Hauptvertreter des Alten Testaments waren sie da, um Jesus als die Erfüllung des Gesetzes und der Propheten und als das letzte Wort des Vaters zu bestätigen.

Unser Fasten und unser Verzicht sollen dazu dienen, unser Herz für das Wort Jesu, das Wort Gottes, zu öffnen. Wenn wir dieses Wort in der Bibel in Demut lesen, beim persönlichen Gebet oder in der Liturgie, möge seine verwandelnde Kraft uns berühren. So werden wir glücklicher und dankbarer.

Gott segne dich!

Beziehung heilen durch die Bitte um Vergebung

Dan 9,4b–10/Lk 6,36–38

Nicht jedes hilfreiche Wort muss unbedingt süß im Mund oder in den Ohren sein. Heilkräuter müssen nicht süß schmecken. Es gibt Zeiten, wo es hilft, manche schwierige Worte in den Mund zu nehmen, z. B. „Es war meine Schuld, bitte verzeih mir", „Das werde ich nie wieder tun". Viele denken, es ist nur nett, immer nett zu klingen. Wenn du einen Partner oder Freund beleidigst, aber das schwierige Wort „Es tut mir leid" zu sagen vermeidest und lieber etwas Nettes sagst wie „Ich liebe dich", wie wird das klingen? Es ist nicht ehrlich und es verliert seine Bedeutung. Die Sängerin Tracy Chapman drückte dies in ihrem Lied „Sorry" aus: „Sorry … Forgive me, is all that you can't say, years gone by and still words don't come easily like forgive me … But you can say baby, baby, can I hold you tonight?[1] (Tut mir leid … Verzeih mir, das ist alles, was du nicht sagen kannst, Jahre sind vergangen und noch fallen Worte wie „verzeih mir, verzeih mir" schwer. Aber du kannst sagen „Schatzi, Schatzi, kann ich dich heute Abend kuscheln"?) Nette Worte wie „Schatzi, kann ich dich kuscheln?", wenn die Beziehung eine Heilung braucht, ersetzen nicht die Wirkung der Worte „Verzeih mir". Das gilt auch für unsere Beziehung mit Gott! Daniel sah die Risse in der Beziehung zwischen Israel und Gott, darum betete er aus Demut: Wir haben gesündigt und Unrecht getan; wir haben rebelliert und sind von deinen Geboten und deinen Gesetzen abgewichen.

Das Bewusstsein, Gott persönlich zu beleidigen, schwindet heutzutage. Viele sagen, ich habe nichts gegen Gott getan: Ich habe niemanden getötet, ich habe nicht gestohlen, ich habe kein Gebot gebrochen (als ob Gott Gebot sei). Gott ist eine

Person; eine Person, die verliebt ist in mich und in dich. Und wie wir wissen, ist jeder Liebhaber leicht verletzbar, weil er viel von sich hergibt, wenn nicht alles. Gott gab auch alles, was er hat, dadurch, dass er für unsere Erlösung seinen einzigen Sohn hingab. Er ist kein *Deus Otiosus* – ein Gott, der sich nicht um seine Schöpfung kümmert. Er ist wie eine Mutter, immer da, immer Sorge tragend um ihre Kinder. Verletze ich einen geliebten Menschen nur, wenn ich ihn töte oder von ihm stehle oder irgendein Gesetz breche? Nein! Schon indem ich ihn nicht begrüße, ihn nicht besuche. Wenn ich mich nicht mehr melde, habe ich ihn schon verletzt. So können wir jetzt sehen, wie und wo wir zu Gott „verzeihe mir" sagen müssen. Gott sei Dank ist er ein barmherziger Gott. Lass uns ihn um seine Vergebung bitten. Die gleiche Liebe, die ihn verletzbar macht, lässt ihn schnell vergeben.

Es ist aber notwendig, bereit zu sein zu vergeben, wenn unser Schuldiger sagt: „Es tut mir leid, vergib mir." Jesus betont, dass, wenn wir andere mit Barmherzigkeit behandeln, diese zu uns zurückkommt: „Seid barmherzig, so wie euer Vater barmherzig ist … Vergebt, und euch wird vergeben werden … denn nach dem Maß, mit dem ihr messt und zuteilt, wird auch euch zugeteilt werden." (Lk 6,36–38)

Aber wir brauchen noch Barmherzigkeit, um barmherzig sein zu können. Denn wer keine Barmherzigkeit erfahren hat, kann auch keine Barmherzigkeit zeigen. Also lasst uns nicht zögern, uns dem Thron der Barmherzigkeit Gottes zu nähern wie Daniel. So kann es uns leichter fallen, anderen Barmherzigkeit zu zeigen. Lasst uns diese Woche versuchen, das Wort zu sprechen, das im Mund schwer war. Schauen wir, wie es hilft, wie ein bitteres Kraut bei der Heilung unserer Beziehungen zu Gott und unseren Mitmenschen.

Gott segne dich!

Heiligkeit braucht Übung

Jes 1, 10.16–20/Mt 23,1–12

Einige eifrige Christen gingen zu einem alten „heidnischen"
Mann, um ihn womöglich zu bekehren. Während sie noch re-
deten, unterbrach der Heide sie und beschwerte sich: „Ich kann
Sie nicht gut hören." Sofort erhöhten die eifrigen Christen ihre
Lautstärke, aber der Mann beschwerte sich immer noch. Jetzt
schrien sie fast, aber der alte „heidnische" Mann bestand darauf, er könne sie immer noch nicht hören. Fast erschöpft fragten sie: Warum können Sie uns nicht hören? Die Antwort, die
der Mann ihnen gab, ist zum Nachdenken: Ihre Taten sind so
laut, dass ich Ihre Worte nicht hören kann.

Jesus warnt vor der Heuchelei der Pharisäer, der Lehrer des
Gesetzes: Tut und befolgt also alles, was sie euch sagen, aber
richtet euch nicht nach dem, was sie tun; denn sie reden nur,
tun selbst aber nicht, was sie sagen. Eine Grundschwäche der
Christen ist, etwas zu predigen und das Gegenteil zu tun (Wasser predigen und Wein trinken). Ich bin aber davon überzeugt,
dass die meisten Christen es gut meinen. Aber was fehlt, ist die
Gewohnheit der Übung. Genau wie im Sport ist beim Christ-
sein die Übung das, was einen zum Meister macht (natürlich mit
dem Segen des Heiligen Geistes). Mutter Teresa übte sich in der
Gewohnheit zu helfen, bald wurde sie Meisterin darin. Oscar
Romero bildete die Angewohnheit, sich gegen Ungerechtigkeit
auszusprechen, bald wurde er darin Meister. Die heilige Monica
bildete die Gewohnheit heraus, für ihre Familie zu beten, bald
konnte sie ihrem Sohn Augustinus und ihrem Mann Patrick zu
einem besseren Leben verhelfen. Der heilige Hieronymus begann, die Bibel ernsthaft zu lesen, bald wurde er so gut darin,
dass er einen Bibelkommentar schreiben konnte. Der heilige

Ignatius von Loyola lehrte in seinen „Geistlichen Übungen", dass das wichtigste bei der Ausübung des Gebets der Meditation die Konsequenz sei, auch wenn es nichts zu bringen scheint.

Schließlich sollen wir uns fragen, in welchem Bereich unseres Lebens wir noch regelmäßiger üben möchten. Vielleicht mehr die Wahrheit zu sagen, nicht gegen andere zu reden, in der Freude und/oder im Leid mit anderen zu teilen, anderen demütig zu dienen, die Kranken zu besuchen, die Einsamen, die Gefangenen, die Hungrigen zu ernähren, sich um arme Witwen und Waisen zu kümmern und für andere zu beten. Vielleicht genügt nur einer der Bereiche. Die Fastenzeit bietet uns reichlich die Gelegenheit, sich ernsthafter in diese Praktiken einzuüben. Allerdings wird unsere Übung ohne den Segen (Unterstützung) des Heiligen Geistes mühsam sein. So beten wir: Komm Heiliger Geist, erfülle die Herzen deiner Gläubigen und entzünde in uns das Feuer deiner Liebe …!

Gott segne dich!

Mach dir keine Sorgen, folge Jesus nach!

Jer 18,18–20/Mt 20,17–28

Als Jesus sich bei seinen Jüngern beschwerte, nämlich darüber, dass er ungerechterweise beschuldigt und gekreuzigt werden würde, und zwar von Leuten, denen er geholfen hat, was war die Reaktion seiner Jünger? Ein Machtkampf – sie haben darum gestritten, wer von ihnen die wichtigste Position hat, als ob Jesus das nicht einmal kommuniziert habe. Eine überraschende Reaktion. Aber warum? Sie konnten ihn nicht verstehen. Bis zu seinem Tod und seiner Auferstehung wurde Jesus von seinen Aposteln in vielen Fragen nicht gut verstanden. Es brauchte tatsächlich den Besuch des Heiligen Geistes (Pfingsten), um die Dinge klarzumachen.

Machen wir uns also keine Sorgen, wenn wir nicht alles verstehen, was Jesus uns lehrt. Es war bei den Aposteln auch so. Aber ihre Größe liegt in der Tatsache, dass sie ihm folgten, auch ohne alles verstanden zu haben. Später, nachdem sie im Glauben durch die Kraft des Heiligen Geistes bestätigt worden waren, konnten sie verstehen, was Jesus meinte: Wer unter euch groß sein will, soll euer Diener sein (Mk 10,43). Sie alle (die Apostel) starben im Dienst Gottes und der Menschen. Lassen wir uns nicht von unseren Fragen und Hindernissen im Glauben und im Leben entmutigen. Lasst uns Jesus folgen und im Leben positiv bleiben, auch wenn wir nicht alles verstehen. Ich vertraue darauf, dass Gottes Geist uns helfen wird, eines Tages mehr über unseren Glauben und dieses Leben und seine vielen Fragen zu verstehen.

Gott segne dich!

Freiheit von materialistischen Bindungen

Jer 17,5–10/Lk 16,19–31

Bei Beerdigungen beobachtete ich häufig, wie der Bestatter den Sarg des Verstorbenen im Grab langsam abgesenkt hat, während die Familie und die Freunde zusahen. Es war sehr berührend, diese schmerzhafte Trennung! Wir blieben noch auf dem Boden, aber er, der Verstorbene, fuhr fort, weiter hinunter, und ließ nicht nur alles, was er erarbeitet hatte, sondern auch seine Familie und seine Freunde zurück. Viele Gedanken gingen mir durch den Kopf. Also, warum leben wir so, als ob das Leben und die damit verbundenen Vergnügungen kein Ende hätten? Jesus erzählt die Geschichte des armen Lazarus mit dem zerfetzten Aussehen eines Bettlers. Er bettelt um das Essen bei der Tür eines fein gekleideten und herrlich geschmückten reichen Mannes. Der Reiche gibt Lazarus nicht einmal vom Rest seines Essens, sondern er schickt ihm seine Hunde, um den armen Hungrigen noch mehr zu quälen. Jeremia sagte, verflucht ist eine Person, die wie dieser reiche Mann handelt, weil sie ihre Hoffnung auf vergängliche Dinge und Menschen setzt; gesegnet aber ist der Mann, dessen Hoffnung der Herr ist.

Wenn die Menschen unserer Generation diese Botschaft verstehen und aufhören würden zu lügen, zu stehlen und zu töten wegen vergänglichen Reichtums und Ruhms, den wir nicht mit nach Hause nehmen können, wenn wir sterben, und stattdessen mit den Armen teilen, dann wird es nicht nur weniger Hunger und Verbrechen auf dieser Welt geben, sondern wir werden uns auch einen glücklichen Ort in der kommenden Welt sichern. Gott schenke uns die Freude der Freiheit von Materialismus.

Gott segne dich!

Hütet euch vor dem Neid

Gen 37,3–4.12–13a.17b–28/Mt 21,33–43.45–46

Neid kann wirklich gefährlich sein. Er kann unser Denken und Verhalten benebeln, so dass wir das Gute und Schöne in anderen nicht mehr sehen. Woher aber kommt der Neid? Ich schätze, aus der „Kleinheit" in uns, die nicht wachsen will und gleichzeitig andere nicht wachsen sehen kann. Auf der anderen Seite gibt es etwas, was wir Vorsehung nennen! Die Vorsehung kommt von oben (von Gott). Die Vorsehung fragt nicht den Neid, was er über jemanden denkt, bevor sie ihn groß macht. Die Geschichte von Joseph und seinen Brüdern scheint ein Wettkampf zwischen „Neid" und „Vorsehung" zu sein. Neid sagt: Hier kommt der Meisterträumer, lasst uns ihn töten. (Warum wollten sie ihn töten? Weil sein Vater ihn mehr als die anderen Brüder liebte, und er war talentierter, aufgrund seiner Fähigkeiten wie Träumen und der Deutung von Träumen.)

Die Vorsehung aber antwortet: Töte ihn nicht direkt, sondern wirf ihn einfach in die Zisterne dort in der Wüste. Dabei hatte die Vorsehung bereits einen klugen Plan, um Joseph zu retten. Der Neid nahm sein Gewand ab und wartete möglicherweise auf ein Wildtier, das ihn verschlingen würde. Die Vorsehung hatte aber einen besseren Plan: Kaufleute kamen vorbei. Dann holten sie Joseph aus der Zisterne und verkauften ihn für zwanzig Silberlinge. Und so wurde Joseph vor seinen hasserfüllten Brüdern gerettet. Verkauft zu werden war in dieser Situation besser für ihn, denn es wäre unmöglich gewesen, dass er sich unter seinen Brüdern voll entwickelt.

Jesus sagt: Der Stein, den die Bauleute verworfen haben, ist der Eckstein geworden; und das ist das Werk des Herrn (vgl. Ps 118,22). Josef wurde von seinen Brüdern verworfen. Aber

Gott hatte in seiner Vorsehung schon den Plan, ihn in Ägypten großzumachen, zugunsten anderer Menschen, die ihn schätzen würden, so wie er war.

Neid vertreibt seine Helfer. Manchmal wird jemand, der in unseren Gemeinden helfen könnte, aufgrund von Neid abgelehnt. Aber die Welt ist größer als unser Weltbild, und das Leben ist immer größer als unser Kleindenken. Lassen wir uns wachsen über unseren eigenen Neid, indem wir uns über die Fähigkeiten und über den Erfolg anderer freuen. Feiern wir vor allem den Erfolg derer, die wir früher unterschätzt haben. Gott wird niemals um Erlaubnis bitten, bevor er jemanden segnet. Wenn er will, können sich sogar Stolpersteine in Trittsteine verwandeln. Möge der Neid gegen dich von der Vorsehung als Sprungbrett verwandelt werden, um dich noch weiterzubringen.

Gott segne dich!

Kehren wir um, Gottes Erbarmen erwartet uns

Mi 7,14–15.18–20/Lk 15,1–3.11–32

Der erste lateinische Spruch, den ich gelernt habe, war „cibus est paratus" – „Das Essen ist bereit". Ich liebte diesen Satz, denn wenn das Essen schon bereit ist, dann braucht man nur zu kommen und zu essen. Die Geschichte des verlorenen Sohnes präsentiert uns das Bild eines immer liebenden Vaters (Gott), dessen Barmherzigkeit immer bereit ist. Alles, was wir tun müssen, ist zu ihm zurückzukehren. Wenn wir zu ihm kommen, vergibt und vergisst er, egal, was wir getan haben. Viele finden es nicht mehr notwendig zu beichten oder ernsthaft um Gottes Vergebung zu bitten, weil die Auswirkung der Sünde immer unterschätzt wird. Aber die große Freude und Feier, die im Himmel über jeden reuigen Sünder ist, zeigt die schwerwiegende Auswirkung der Sünde. Das Evangelium vergleicht diese Auswirkung mit Verlorensein oder sogar Totsein: „Er war verloren, aber jetzt gefunden, tot, aber jetzt lebt er wieder." Nur die Barmherzigkeit Gottes kann solche Leistung vermögen: Leben, Orientierung und innerliche Freude und den Menschen den Frieden zurückgeben, die vorher durch die Sünde verloren oder tot sind. Die heilige Faustina sprach von der Barmherzigkeit Gottes als der „größten Eigenschaft Gottes".[2] Sie ist noch viel größer als seine Gerechtigkeit. Darum hat der Vater des verlorenen Sohnes gar nicht nach seiner verschwenderischen Vergangenheit gefragt. Sein Vertrauen auf die Barmherzigkeit des Vaters und seine Schritte der Um- und Rückkehr zum Vater waren für seinen Vater wichtiger als das, was in der Vergangenheit liegt. Diese Großzügigkeit der Barmherzigkeit Gottes ist für die Menschen nicht einfach zu begreifen. Der brave ältere Sohn meint: Wie kann ihm vergeben und wie kann er gefeiert werden, nachdem er das alles getan hat? Aber die barmherzige Liebe Gottes gibt jedem eine Chance, den Braven und den weniger Braven. Jeder braucht die göttliche Barmherzigkeit. Auch die Braven sind in manchen kleinen Dingen untreu und brauchen dabei nicht die gerechte Strafe, sondern die gleiche Barmherzigkeit des Vaters! Darum danken wir Gott für die große Gabe seiner Barmherzigkeit, die uns immer zur Verfügung steht. Gib uns, Herr, die Gnade, nicht an deiner Liebe und Barmherzigkeit zu zweifeln, sondern sie vertrauensvoll zu nützen, wann auch immer wir kleinen oder großen Sünden begangen haben.

Gott segne dich!

Jesus, das lebendige Wasser

Ex 17,3–7/Röm 5,1–2.5–8/Joh 4,5–42

Die Probleme dieses Lebens können uns das Leben sauer machen. Sie können die Freude, die Liebe, die Hoffnung, den Glauben und das Vertrauen in unserem Herzen vertrocknen. In solch schwierigen Situationen fangen wir an, uns zu beschweren und zu streiten mit Gott und mit allen, wie es die Israeliten in der Wüste getan haben. Jesus stellt sich der samaritanischen Frau beim Jakobsbrunnen als der Geber des Wassers vor, das die Trockenheit in unserem Leben erweichen und unsere Lebensfreude wiederherstellen kann.

Es gelingt der Frau aber erst wirklich von diesem lebendigen Wasser zu trinken, nachdem sie aufhört, über Religion zu streiten, und beginnt, die Worte Jesu zu hören und zu glauben. Somit wechselte sie von Jakobs Brunnen zu Jesu Brunnen und von ihren leeren Worten, von Jammern und Argumentieren, zu den rettenden und heilenden Worten Jesu. Heutzutage sind viele verwickelt in religiöse Streitereien, andere schauen nur negative Nachrichten in den Medien an. Sie bekommen dann Angst und jammern. Das trocknet nur die Freude in uns und macht innerlich müde. Was wir brauchen, ist glaubensvolle Vertiefung in das Wort Jesu, uns vertrauensvoll an ihn zu wenden. Herr, hilf uns, dass wir auf deine Worte zurückgreifen, wenn wir in Schwierigkeiten geraten, so dass jede Schwierigkeit eine Gelegenheit sein wird, dich besser zu kennen und von der Quelle der Freude und Heilung, die von dir aus fließt, zu trinken!

Gott segne dich!

Zwei Dinge, die es zu vermeiden gilt, damit Gottes Wunder in unser Leben fließen kann

2 Könige 5,1–15a/Lk 4,24–30

Die heutigen Lesungen zeigen uns zwei Dinge, die wir vermeiden müssen, um den Fluss göttlicher Gefälligkeiten, Wunder und Barmherzigkeit in unser Leben nicht zu behindern. Das Erste, was wir vermeiden sollten, ist, auf Personen herabzuschauen, unabhängig von Alter oder Status oder Geschlecht. Der aussätzige Naaman war ein großer syrischer Militärkommandant mit vielen Kontakten in hohen Positionen. Es ist jedoch verwunderlich, dass die einzige hilfreiche Lösung für die Heilung seiner Leprakrankheit von einer jungen Sklavin kam. Zum Glück hörten sie dem Mädchen zu und kamen zum Propheten Elisa, und so wurde Naaman endlich geheilt. Das Zweite, was Gottes Gnade von uns fernhalten kann, ist die unangemessene Bindung an unsere eigenen Konzepte und an die alten Methoden, mit denen wir vertraut sind. Naaman hätte seine Heilung fast verpasst, weil er auf sein eigenes Konzept oder seine Vorstellung davon fixiert war, wie die Heilung durchgeführt werden sollte. Und weil er lieber in den gewohnten Flüssen Syriens baden *wollte* als in dem von Propheten Elisa empfohlenen Jordanfluss. Die Leute von Nazareth sahen auch auf Jesus herab, weil sie ihn als Zimmermannssohn kannten. Sie lehnten seine Lehre ebenfalls ab, weil sie ihre alten Überzeugungen in Frage stellte. Die Folge war, dass mit ihnen nicht viele Wunder möglich sein konnten. Mögen wir darauf achten, dass wir Gottes wundersames Eingreifen in unser Leben nicht verpassen, weil wir Menschen oder Mittel vernachlässigen, mit denen er uns helfen möchte. Genau wie Jesus haben sich der Prophet und die Flüsse Israels als Kanäle göttlicher Macht erwiesen. Wir haben auch Kanäle von Gottes wundersamen Eingriffen in unser Leben, die bewiesen sind durch Erfahrungen von vielen Jahrzehnten. Einige Beispiele davon sind die Eucharistie und die Sakramente, der Rosenkranz, einige nachgewiesene kraftvolle Gebete usw. Viele neigen heute dazu, sie für das, was sie moderne Wege nennen, abzulehnen und zu kritisieren. Die Erfahrung von Naaman und den Nazaräern lehrt uns, dass solche bewiesenen Wege abzulehnen bedeutet, Gottes Angebot für unser Wohl abzulehnen. Mögen wir weise und demütig genug sein, um zu sehen, wann und wie Gott uns helfen möchte.

Gott segne dich!

Menschen des Glaubens

Dan 3,25.34–43/Mt 18,21–35

Die drei berühmten jungen Männer Hananja, Mischael und Asarja (Schadrach, Meschach und Abednego) wurden wegen ihres Glaubens an den lebendigen Gott ins Feuer geworfen. Sie haben nämlich verweigert, einen von Menschen gemachten Gott anzubeten, auch wenn es sie das Leben kostete. Gott hat sie vor der Verfolgung gerettet. Sie waren inmitten des Feuers und haben Gott gelobt. Dies beweisen die Worte des Gebets von Asarja: Denn diejenigen, die auf dich (Gott) vertrauen, können nicht beschämt werden.

Immerhin sterben viele Menschen immer noch durch Verfolgung wegen ihres Glaubens. Viele Christen werden in unserer Zeit ermordet auf Grund ihres Glaubens, etwa in Syrien, Afghanistan, Pakistan, Nigeria etc. Was ist mit denen? Bedeutet es, dass Gott nicht mehr treu ist? Nein! Gott ist immer noch treu, denn wie Jeremia sagte: „Die Treue des Herrn hört nie auf, seine Barmherzigkeit geht nie zu Ende, sie sind jeden Morgen neu …" (Klagelieder 3,22–23)

Die Wahrheit ist, wer den lebendigen Gott anbetet, der ist immer lebendig. Daher kann niemand einen wahren Gottgläubigen wirklich töten. Den Grund dafür sagt uns Paulus: „Wenn wir leben, leben wir dem Herrn, und wenn wir sterben, sterben wir dem Herrn." (Röm 14,8) Für einen wahren Gläubigen in Jesus ist das Leben Christus und das Sterben Gewinn. Paulus war davon überzeugt, dass nichts uns von der Liebe Gottes trennen kann, nicht einmal Schwert oder Tod. Doch Gott wirkt solche Wunder wie bei den drei jungen Männern, um unseren Glauben zu stärken, dass er immer noch alles in der Hand hat und alles tun kann. Herr, in deine Händen empfehlen wir alle verfolgten Christen in unserer heutigen Welt.

Gott segne dich!

Liebe, die Bedeutung des Gesetzes

Dtn 4,1.5–9/Mt 5,17–19

Jesus und Mose sind sich einig, dass das Gesetz Gottes heilig und für das Leben hilfreich ist. Mose, der Gesetzgeber, behauptet, dass das, was eine Nation (und auch jeden Einzelnen) groß macht, das Gesetz ist, das sie hat. Gesetze sind wie Prinzipien und Richtlinien, die das Leben von Einzelpersonen und Gemeinschaften prägen. Sie sind gut oder schlecht gemäß der Absicht des Gesetzgebers. Gottes Gesetz durch Mose kann nur gut sein, weil Gott nur das Beste für seine Geschöpfe beabsichtigt. Deshalb wird Jesus diese Gesetze nicht abschaffen. Er ist eher dazu da, sie zu erfüllen. Was bedeutet das? Im Laufe der Geschichte übernahmen die menschlichen Launen das Gesetz und vervielfachten es oberflächlich, so dass das Gesetz seine ursprüngliche Bedeutung – nämlich eine Anleitung zur Liebe – verlor und damit nur noch eine Belastung für das Leben wurde.

Für die Pharisäer war Jesus dennoch ein berüchtigter Gesetzesbrecher. Was hat er getan? Er heilte kranke Menschen am Sabbat, wo niemand arbeiten sollte; er erlaubte ihnen nicht, die Ehebrecherin zu steinigen; er hat seine Hände nicht vor dem Essen gewaschen … Aber für Jesus ist das Wesen des Gesetzes, Leben zu retten und nicht zu töten. Er ist also da, um diese verlorene Bedeutung des Gesetzes zurückzubringen. Denn die Erfüllung des Gesetzes ist die Liebe. Darum hat er die Gebote so zusammengefasst: Liebe Gott über alles und liebe deinen Nächsten wie dich selbst (vgl. Mt 22,34–40). Wie gehe ich mit den Gesetzen um? Möge unser Leben durch Gottes Gesetz der Liebe regiert werden. Mögen wir immer schauen, wie wir unsere Mitmenschen lieben können. Gott helfe uns dabei!

Gott segne dich!

Sünde verursacht Leiden, aber Gottes Gunst ist für immer

2 Sam 7:4-5,12-14,16/Rom 4:13,16-18,22/Mtt 1:16,18-21,24

Gott versprach David seine Liebe und Beistand. Vor allem versprach ihm Gott, dass er schauen wird, dass seine Nachkommen die Herrschaft über Israel behalten. Wenn doch ein Nachkommen Davids seinen Bund missachten würde, dann würde Gott ihm die Konsequenzen dafür spüren lassen. Trotzdem würde er seine Verheißung immer noch nicht aufgeben. So kommen wir zu dem Schluss, dass, obwohl Sünde zum Leiden führt, Gottes Gnade und Güte für immer erhalten bleibt. Jesus und sein Heiliger Geist sind die Garantie dafür, dass Gottes Gunst auch in unserer Zeit für immer erhalten bleibt.

So schlimm unsere Situation auch aussehen mag, wir sollten uns nicht nur auf die Sünde und die mögliche Konzequenzen aufgrund der Sünde konzentrieren und Gottes verheißene Gunst – die durch Jesus zu uns kommt – vergessen. Gottes Gunst, Gottes Gnade und Güte sind immer bei uns durch seinen Heiligen Geist. Und das ist das große Geheimnis unserer Existenz als Gläubige. Wer diese Verheißung immer im Blick hat, wird seine Freude nicht an seine Schwäche oder an die Schwierigkeiten der Zeit verlieren, sondern er wird immer auf die reiche Gnade Gottes zugehen, die uns allein vor der Sünde und ihren Folgen retten kann.

Ich weiß, dass manche jedes Problem unserer heutigen Welt als göttliche Strafe interpretieren. Das kann ich nicht sagen. Ich möchte jedoch die Gelegenheit der Botschaft der heutigen Lesungen nutzen, um zu Vertrauen und Unterwerfung unter Gottes Gnade und Barmherzigkeit aufzurufen.

Es braucht auf jeden Fall Glauben, um von Gottes verheißener Gnade zu gewinnen. Abraham und Josef glaubten an die

Verheißung Gottes, auch wenn diese Verheißungen lächerlich schienen. Jeder von ihnen wurde für seinen Glauben gesegnet.

Wir beten auf die Fürsprache des hl. Josef, dass wir in der Lage sind, an Gottes Gnade zu glauben und zu vertrauen, gegen alle Widrigkeiten von Schwäche, Sünde und Krankheit.

Mögen wir alle sicher und geschützt im Schutz des Allerhöchsten sein.

Gott segne dich!

Was ist das Wichtigste in deinem Leben?

Hos 14,2–10/Mk 12,28b–34

Selig ist derjenige, der Gott erkennt und ihm den ersten Platz in seinem Leben einräumt, egal wie arm, reich oder wie einflussreich er oder sie sein mag. Die Israeliten verließen Gott, nachdem ihnen von Gott auf wundersame Weise geholfen worden war, und griffen auf ihre eigene Kraft und auf ihre Verbindungen zu „mächtigen" Ländern wie den Assyrern zurück. Es kam so weit, dass sie begannen, zu Werken ihrer eigenen Hände „unser Gott" zu sagen.

Jesus erinnert die Menschen seiner Generation, dass das Erste und Wichtigste in unserem Leben Gott ist. Deswegen ist das erste Gebot: Höre, Israel, der Herr, unser Gott, ist der einzige Herr … (Mk 12,29–30)

Unsere Generation steht vor der gleichen Herausforderung wie die Generation Jesu. Die mächtigen Errungenschaften und der Einfluss der modernen Technologie führen dazu, dass viele Menschen sehr schnell reich werden können. Dann denken viele, dass wir alles tun können, was wir wollen. Wir können mit Geld unseren Willen geschehen lassen, wir sind so einflussreich, dass alles, was wir brauchen, nur mehr ein „Anruf" ist, um Dinge zu bewegen. Deswegen schämen wir uns zu knien, um zu Gott zu beten.

Die Israeliten erkannten ihren Fehler, als ihre Kräfte zu versagen begannen. Erst dann beteten sie: Wir werden nicht mehr „Unser Gott" zum Werk unserer Hände sagen. Gott hörte und verzieh ihnen. Er ist ein gnädiger Gott. Aber wir sollen nicht immer bis zu Krisenzeiten warten, bis wir hilflos, krank oder bedürftig sind, bevor wir zu ihm kommen. Möge seine Gnade uns immer helfen, ihn als den Ersten und den Bedeutendsten in unserem Leben zu erkennen und zu behandeln.

Gott segne dich!

Vermeidung von Selbstsucht in Beziehung zu Gott und Menschen

Hos 5,15–6,6/Lk 18,9–14

Der Prophet Hosea sagte den Israeliten, die sich bei Gott benachteiligt fühlten, dass Gottes Gunst zu ihnen zurückkehren werde, aber sie müssten zunächst ihre Haltung der Selbstsucht im Umgang mit Gott und ihren Mitmenschen beenden. Was Gott erwartet, ist eine Liebesbeziehung. Es sind unsere Herzen, die er will, und die Anerkennung, dass wir seine Kinder sind und uns ihm immer als unserem liebenden Vater nähern sollen, indem wir auf seine barmherzige Liebe vertrauen, die uns vergeben, heilen und retten kann. Und das sollten wir tun, im Sinne einer liebevollen Beziehung zu ihm, ohne auf eine Krise zu warten. Egoismus im Umgang mit Gott ist eine Situation, in der man vor Gott kommt und immer noch spricht, als gäbe es nur einen selbst auf Erden. Vor Gott betrachtet er seine Mitmenschen als minderwertig (nicht heilig/würdig genug). Sogar Gott sollte sich einfach zurücklehnen und einem zuhören, während man seine Errungenschaften aufzählt. Einige andere selbstsüchtige Menschen treten vor Gott, erfüllt von nichts anderem als von sich selbst und ihren Problemen, als ob außer ihren Problemen nichts mehr existierte. Nicht einmal Gott kann die Aufmerksamkeit erhalten, die ihre Probleme von ihnen bekommen. Jesus lehrte uns mit dem Gebet des „Vaterunser" Folgendes: Wenn wir zu Gott kommen, sollten wir zunächst unsere Aufmerksamkeit von uns auf ihn lenken und seinen heiligen Namen loben, wonach wir unsere Probleme erwähnen können (vgl. Mt 6,9–13). Dies liegt daran, dass wir unsere wahre Bedeutung von ihm ableiten. Unser Sein hat ohne ihn keinen Sinn. Es ist wie zwischen dem Mond und der Sonne. Wenn der Mond scheinen will, muss er sich der Sonne präsentieren, und nicht umgekehrt. Gott ist die Quelle unseres Leuchtens. Wer glänzen will, sollte sich vor Gott stellen, seine Aufmerksamkeit auf ihn richten und ihm erlauben, sein Gesicht zum Leuchten zu bringen. Egoismus im Umgang mit Gott verdunkelt und isoliert uns von seinem ewigen Strom göttlicher Kraft. Egoismus im Umgang mit Menschen ist eine Haltung, bei der man für die Existenz und das Bedürfnis des anderen Menschen blind ist, als ob man allein auf dieser Erde existiere. Wichtig für ihn ist nur, genug für sich selbst zu bekommen, andere können zugrunde gehen. Gerade in diesen für viele herausfordernden Zeiten sind wir aufgefordert, andere Menschen zu berücksichtigen, denn wir können nicht alleine überleben. Möge Gott uns die Gnade einer liebevollen Beziehung zu sich und unseren Mitmenschen gewähren.

Gott segne dich.

Jesus, unser Licht und die Heilung für unsere Blindheiten

1 Sam 16,1b.6–7.10–13b/Eph 5,8–14/Jn 9,1–41

Die Tatsache, dass Gott die Dinge anders sieht als wir, zeigt sich sowohl im Alten als auch im Neuen Testament. Der Prophet sagte: So wie der Himmel von der Erde getrennt ist, so unterscheiden sich Gottes Wege und Gedanken von unseren (vgl. Jes 55,9). Das bedeutet, dass Gott nicht nur Teile, sondern das Ganze sieht. Er sieht nicht nur das Äußere, sondern auch das Innere, und in Bezug auf uns Menschen sieht er nicht nur das, was wir zeigen, sondern tief in unser Herz und in die Tiefe unserer Seele. Dies erklärt warum der erste Sohn von Jesse mit seiner wundervollen robusten Statur für Gott nicht als nächster König Israels taugt, obwohl Samuel ihn zum König gemacht hätte. Gott wollte David als König, obwohl er noch zu jung und sehr unerfahren war. Warum? Gott sah Davids Herz. Samuel konnte das nicht.

Jesus heilte einen Blinden. Die Pharisäer waren von dieser Tat Jesu jedoch nicht beeindruckt, weil er für sie das Sabbatgesetz durch ein Werk der Heilung gebrochen hat. Jesus sieht in dieser Haltung der Pharisäer eine weitaus schlimmere Blindheit als die des Blinden. Die Jünger Jesu zeigten auch eine gewisse Blindheit, indem sie dachten, dass die Blindheit des Blinden entweder auf die Sünde der Eltern oder auf den Blinden selbst zurückzuführen sein muss. Jesus öffnete auch ihnen die Augen, damit sie sehen konnten, dass selbst diese Blindheit Gott Ehre geben sollte. Wir sind alle auf die eine oder andere Weise blind. Aber Gott heilt unsere Blindheit, indem er unsere Augen öffnet, damit wir sehen, was wir früher nicht gesehen haben, damit wir auch sehen, wie Gott wirkt und mit uns ist, auch in unangenehmen Situationen. Dies ist aber nur möglich, wenn wir unsere

Blindheit anerkennen, wie der Blinde im Evangelium es getan hat. Die Pharisäer waren die einzige Gruppe, die nicht geheilt werden konnte, weil sie ihre Blindheit leugneten und dadurch eine weitaus schlimmere Blindheit für sich verursachten. Jesus, unser Licht, mache uns unsere Blindheit bewusst und öffne immer wieder unsere Augen, damit wir das sehen und lieben, was du in uns, in anderen Menschen, in der Natur und in der Welt siehst und liebst.

Gott segne dich!

Gesegnet, die glauben, ohne gesehen zu haben

Jes 65,17–21/Joh 4,43–54

Jesus hat einmal gesagt: Gesegnet sind diejenigen, die nicht sehen, und trotzdem glauben (vgl. Joh 20,29). Der Prophet Jesaja glaubte, ohne es gesehen zu haben, dass Gott einen neuen Himmel und eine neue Erde der Freude und Langlebigkeit für uns geschaffen hat. Aber wie geht das? Das Beispiel des Hauptmanns veranschaulicht, was Jesus von uns will: nämlich dass wir darauf vertrauen, dass er uns zu neuem Leben führt, zur ewigen Freude. Dass wir glauben … auch wenn wir noch nicht sehen. Als der Hauptmann Jesus bat, sein Kind – das schon gestorben war – zu heilen, stellte ihn Jesus auf eine harte Probe, um festzustellen, was seine Motivation war: Ging es dem Hauptmann nur um ein Wunder oder glaubte er tatsächlich an die göttliche Kraft Jesu? Dass der Mann durch reinen Glauben motiviert war, wurde nicht nur durch seine Antwort klar, sondern viel mehr durch sein Handeln: Er ging nach Hause und glaubte den Worten Jesu „Geh, deine Tochter wird geheilt." Er musste es nicht zuerst sehen. Gott sieht es! Und das ist genug. Seine ganze Familie nahm danach ein neues Glaubensleben an. Ihre Welt wurde neu!

Gott sieht unsere Tränen. Daher brauchen wir keine weiteren Gründe zu sehen, bevor wir glauben. Vertrauen wir, dass er uns nie vergessen wird. Wenn wir wie der Hauptmann fest und überzeugt glauben, wird er unser Leben erneuern. Er schenkt tatsächlich ein neues Leben. Es ist ein Leben, das vom Wort Gottes abhängig ist. Ein solches Leben ist neu und stark. Es ist wie ein Haus, das auf Felsen gebaut ist: Die Probleme dieses Lebens werden es nicht zum Zittern bringen können, und die Länge eines solchen Lebens ist immer sehr lang, gemessen an seiner Qualität und nicht an seiner Quantität. Dieses Leben wünsche ich dir von Herzen! Herr, vermehre unseren Glauben!

Gott segne, schütze, heile und heilige dich!

Jesus, das lebensrettende Wasser

Ez 47,1–9.12/Joh 5,1–16

Wasser ist in der Bibel oft ein Symbol für das Leben, die Freude oder für den Geist Gottes, der zugleich der Geist Jesu ist.

Wenn also der Prophet Ezechiel in seiner Vision tiefer und tiefer in das aus dem Heiligtum fließende Wasser kommt, ist es ein Bild dessen, was mit jemandem passiert, der mehr und mehr in den Heiligen Geist Gottes eintaucht. Das Wasser bringt neues Leben zu allem, was es berührt. Sterbende Bäume beginnen wieder zu leben; sie bekommen frische, grüne Blätter und bringen reichlich Früchte zur rechten Zeit.

Wir erinnern uns hier, dass sich Jesus einmal der Samariterin beim Jakobsbrunnen als das lebensspendende Wasser vorstellte. Später, in seiner Begegnung mit einem Lahmen in Bethesda, zeigte er wirklich, dass er das Wasser in Ezechiels Vision ist, das alles heilt, was es berührt. Er heilt den Mann durch die Kraft des Heiligen Geistes, der in ihm wohnte. Der Mann konnte nach 38 Jahren wieder laufen. Was für eine Freude, als er aufstand, seine Bahre nahm und nach Hause ging. Das Wasser von Bethesda kann gelegentlich heilen, wenn der Geist Gottes es aufwallt, und nur die erste Person, die hineinspringt, wird die glückliche sein, die geheilt wird. Dieser Geist wohnt aber dauerhaft in Jesus. Möge Gott uns die Gnade geben, uns in ihn einzutauchen oder es ihm zu erlauben, dauerhaft in uns zu bleiben, damit das lebensspendende Wasser seines Geistes uns immer reichlich lebendig macht und in der Fülle der Freude hält.

Gott segne dich!

JA zu Gott

Jes 7,10–14/Lk 1,26–38

Gottes wunderbare Intervention in unserem Leben geht in Form der arithmetischen Gleichung vor: Gottes Gnade + Menschliches „Ja" = göttliches Wunder. Es braucht immer ein menschliches „Ja" zu Gottes Plan, um das Heil zu bewirken. Jesaja näherte sich dem König Ahas mit dem Angebot einer wunderbaren Alternative, um einen politischen Sumpf zu lösen. Alles, was der König gebraucht hätte, war ein „Ja" zu dem Plan des Propheten, das heißt Gott zu vertrauen statt der Allianz mit Assyrien. König Ahas wollte sein „Ja" nicht geben, weil er sich schon für eine schwache Allianz nach seinem eigenen Willen entschieden hatte.

Das Problem des alten Bundes war immer das Versagen von der menschlichen Seite der Gleichung, das erforderliche „Ja" zu liefern, von Adam und Eva bis zu Ahas, dem König von Juda, usw.

Im neuen Bund wird Gott selbst ein Zeichen geben: das Zeichen des Immanuel (Gott ist jetzt bei uns), geboren von einer Jungfrau. Es ist ein neues Zeichen einer neuen Generation, die das geforderte „Ja" zum göttlichen Heilsplan liefern wird. Die Jungfrau ist Maria! Der Engel stellte ihr einen Projektplan von Gott vor: Siehe, Du wirst ein Kind empfangen, einen Sohn wirst du gebären: dem sollst du den Namen Jesus geben … Es war nicht so einfach für das junge Mädchen (Maria), so antwortete sie: „Wie soll das geschehen, da ich keinen Mann erkenne?" Die Antwort des Engels war nicht wissenschaftlich verifizierbar: Der Heilige Geist wird über dich kommen und die Macht des Höchsten wird dich überschatten … Aber auch ohne alles mit dem Kopf verstanden zu haben, glaubte sie mit ihrem Herzen, und so war sie in der Lage, das nötige „Ja" zu geben: Siehe, ich bin die Magd des Herrn, mir geschehe, wie du es gesagt hast. Dieses „Ja" veränderte die Geschichte des Ungehorsams der Menschheit zum Willen Gottes und läutete eine Ära des göttlichen Wunders und der Rettung ein. Von diesem Augenblick an wurde das Wort Fleisch und hat unter uns gewohnt; unsere Ängste werden verschwinden und unsere Wunden werden geheilt; große Dinge werden geschehen, denn der Herr ist bei uns – der Immanuel. Von diesem Augenblick an wird der Mensch „Ja" sagen, auch zu dem, was ihm unmöglich scheint, weil für Gott alles möglich ist, und dieser Gott wohnt bei uns. Möge der Herr uns helfen, ihm immer „Ja" zu sagen. Denn wenn wir ja zu Gottes Plan in unserem Leben sagen, werden unmögliche Dinge möglich gemacht!

Gott segne dich!

Wahre Religion beginnt mit wahrer Liebe zu Gott

Ex 32,7–14/Joh 5,31–47

Die wahre Religion ist auf der überzeugten Liebe zu Gott und nicht auf Zeichen und Wundern aufgebaut, sonst hätten die Wunder, die Gott für die Israeliten gewirkt hat, wie er sie aus Ägypten mit mächtigen Händen befreite, sie davon abgehalten, ein goldenes Kalb als Gott zu verehren. Ebenso konnten die Wunder Jesu wie etwa die Heilung der Kranken, die Speisung der Menge und die Auferweckung der Toten die Pharisäer nicht dazu bringen, an ihn zu glauben. Im Gegenteil, einige von denen, die von ihm gespeist wurden, waren bereit, sich der Menge anzuschließen, die „Kreuzige ihn!" schrie. Nur die wahre Liebe zu Gott kann in uns eine gesunde Religion hervorbringen. Die Haltung, wo man erwartet, dass Gott sich durch Wunderwerke beweist, wird uns nicht zu wahren Gläubigen machen. Das ist nicht die Haltung der Liebe. Der heilige Paulus sagte, die Liebe ist großzügig. Eine wahre Liebe zu Gott ist großzügig. Eine überzeugte Liebe zu Gott will etwas für Gott tun, möchte ihm einen guten Morgen zu Beginn des Tages sagen und eine gute Nacht vorm Schlafen. Diese Liebe will in ständiger Kommunikation mit Gott sein, genau wie es Liebende tun. Sie will Gott ein Versprechen machen und es erfüllen. Sie will Gottes Arme ernähren, seinen Bedürftigen helfen. Das Zeichen einer wahren Liebe nach Paulus ist, dass sie niemals aufhört. Wenn die Israeliten damals eine wahre Liebe zu Gott gehabt hätten, hätten sie ihn weder für ein goldenes Kalb ausgetauscht noch hätten die Pharisäer jemals geplant, Jesus zu töten.

Behandle ich Gott, als wäre er zu weit weg? Wie viel Zeit und Liebe gebe ich ihm im Vergleich zu meinem Handy und Fernseher? Möge Gott uns die Gnade geben, in ihn verliebt zu sein.

Gott segne dich!

Die Torheit des Mörders

Weish 2,1a.12–22/Joh 7,1–2.10.25–30

Einer der törichtesten Gedanken im Leben ist der Gedanke, einen Menschen zu töten. Die Juden waren jedoch entschlossen, Jesus zu töten. Warum? Das Buch der Weisheit sagt uns, dass der Grund für die Bösen, die Gerechten zu töten, einfach ist, dass sie durch das Leben und die Worte der Gerechten mit ihrer eigenen Bosheit und Lüge konfrontiert werden.

Die Torheit des bösen Mörders ist wie folgt: Der Mörder will jemanden töten, der seine Fehler korrigiert. Dies kann dem Patienten gleichgesetzt werden, der den Arzt töten will, der hart arbeitet, um ihn zu heilen, oder dem Schüler, der einen Lehrer schlägt, weil der Lehrer ihn gut unterrichtet. Sollten die Bösen den Gerechten nicht dankbar sein, dass sie helfen, sie vor Selbstzerstörung zu retten? Es ist nicht der Gerechte, den sie beseitigen sollten, stattdessen sollten sie das Böse in sich selbst beseitigen, die Wahrheit akzeptieren und sich ändern. Kein Wunder, das Buch der Weisheit nannte die Bösen blind.

Zweitens, der göttliche Plan ist es, dass jeder irgendwann sterben muss. Wenn er jemanden beseitigt, denkt der Mörder, dass er nach dem Töten das Leben in Frieden genießen wird, aber er wird selbst auch sterben. Auf jeden Fall ist es ihm gelungen, sich über den Tod von jemandem schuldig zu machen, der sowieso zu seiner bestimmten Zeit gestorben wäre. Wenn nach Henry Williams Baker „unsere bestimmte Zeit Gott bekannt ist und der Tod seine Stunde kennt"[3], warum dann jemanden töten vor seiner bestimmten Zeit? Die Juden konnten aber Jesus nicht übergeben, weil seine Stunde noch nicht gekommen war. Drittens: Nach dem Gesetz der Wiederherstellung muss man alles ersetzen, was man zerstört hat. Wie kann man das Leben eines Menschen ersetzen, wenn man es zerstört hat? Kein Wunder, dass die meisten Mörder ihr Leben in schrecklichen Qualen beenden, vielleicht weil sie endlich sehen, was sie sich selbst angetan haben.

Möge der Herr uns helfen, das Leben von seinem Anfang (der Empfängnis) an zu lieben, zu schützen und zu retten, bis zu seinem Ende durch einen natürlichen Tod. Denjenigen, die ihre Hände in irgendeiner Weise mit Blut beschmutzt haben, möge durch ihre Reue das Blut Jesu ihre Schulden tilgen und ihren Frieden wiederherstellen.

Gott segne dich!

Zu der Wahrheit stehen

Jer 11,18–20/Joh 7,40–53

Die bösen Menschen in der Zeit von Jeremia und Jesus waren bereit, die Tatsachen der Geschichte zu vereiteln, damit die Leute ihre bösen Pläne genehmigten. Ist das nicht überraschend, dass diese gelehrten Leute, die die Geschichte sehr gut kennen, plötzlich anfingen zu streiten, ob Jesus ein Nachkomme von David war? Waren sie wirklich unwissend? Nein! Sie wollten nur einen Unschuldigen beseitigen.

Aber da sie das ohne die Zustimmung des Volkes nicht tun konnten, brauchten sie eine Lüge für die Leute. Die Menschen selbst kannten die Wahrheit. Sie haben die Barmherzigkeit Jesu, seine Gerechtigkeit und seine Macht erlebt. Sie haben es sogar gestanden: „Das ist wahrlich der Prophet." Andere sagten: „Das ist der Christus." Die Wächter, die zur Verhaftung Jesu geschickt wurden, kamen zurück und bekannten: „Nie zuvor hat jemand gesprochen wie dieser Mann." Aber das Wissen der Wahrheit ist nicht genug, man muss auch zu der Wahrheit stehen, um sie im Angesicht der Lügen zu verteidigen. Bald würde das Volk es zulassen, dass die Lüge die Wahrheit in ihnen beugt.

Der Kampf zwischen Lüge und Wahrheit ist in unserer Zeit sehr aktuell, er wird sogar heftiger. Wenn wir zu der Wahrheit des Glaubens, die wir kennen, die wir erlebt haben und von der wir überzeugt sind, stehen würden, dann könnten wir viele Lügen des Bösen entlarven.

Herr, weihe uns neu in deiner Wahrheit! Amen!

Gott segne dich!

Er weckt uns auf vom Tod der Sünde

Ez 37,12b–14/Röm 8,8–11/Joh 11,1–45

Jesus meint ernst, was er behauptet. Wenn er sagt, ich bin die Auferstehung und das Leben, dann tut er etwas, um zu zeigen, was er meint. Das hat er mit der Erweckung des toten Lazarus gezeigt. Er steht über dem Tod. Darum sagte er, dass die Krankheit des Lazarus nicht zum Tod führen wird, sondern zur Herrlichkeit Gottes. Und ich glaube auch, dass unsere Krankheiten und Schwierigkeiten nicht zur Vernichtung führen, sondern zur Verherrlichung des Namens Gottes. Ja! Wenn wir es glauben, wird die Macht der Auferstehung uns aufrichten. Was bedeutet das? Es gibt die Auferstehung, die die Juden kennen (über die Marta sprach), dann gibt es die Auferstehung, die Jesus selbst ist (das war neu für Marta). Fast jede Kultur hat eine Art Auferstehung – manche nennen es Inkarnation, einige leben im Land der Toten. Aber es gibt eine andere, eine größere Auferstehung: Jesus selbst.

Die Wirkung der Auferstehung, die Jesus ist, ist in zweierlei Formen: im Leben und nach dem Tod. Jesus sagt: „Wer an mich glaubt, wird leben, auch wenn er stirbt, und jeder, der lebt und an mich glaubt, wird nicht für immer sterben" (Joh 11,25–26). Das heißt, an ihn zu glauben, verleiht uns auch hier auf der Erde eine Macht der Unsterblichkeit; es ist die Kraft wieder aufzustehen, nachdem wir vom Schicksal oder der Sünde niedergeschlagen wurden. Es ist aber auch eine Kraft, die die Herausforderungen und die Ungewissheiten des Lebens mit Optimismus bewältigt. Und wenn wir schließlich unser Leben hier beenden und noch an ihn glauben, werden wir mit einem besseren Leben fortfahren, denn durch die Kraft des Glaubens werden wir teilhaben an einem Leben, das größer ist als das jetzige.

Gott segne dich!

Sei nicht leichtgläubig, kämpfe für die Wehrlosen

Dan 13,1–9.15–17.19–30.33–62/Joh 8,1–11

Daniel hat ein tolles Werk getan, indem er Susanna, eine unschuldige Frau, rettete, die von der Menge getötet werden sollte, für etwas, was sie nicht getan hat. Jesus hat ein größeres Werk geleistet, indem er eine Frau rettete, die auf frischer Tat beim Ehebruch ertappt worden war. Sie wäre sonst von einer Menge getötet worden für etwas, was sie tatsächlich getan hat. Sowohl Jesus als auch Daniel verteidigten die Rechte der Frauen (Recht auf Leben; gerecht und gleich behandelt zu werden; Recht, eigene Fehler zu bereuen) in einer Kultur, wo Frausein schuldig macht. Ist es nicht verwunderlich, dass in beiden Fällen niemand die Frage gestellt hat: Wo waren die beteiligten Männer? Jedoch waren sowohl Jesus als auch Daniel nicht leichtgläubig, aber sinnvoll kritisch. Sie fragten wichtige Fragen zu kritischen Zeiten und brachten somit die Menschen ihrer Zeit dazu, dass sie kritische Fragen stellten.

Wie viele Menschen in unserer Zeit sterben noch durch einen „Lynchmob" entweder für das, was sie taten, oder sogar für das, was sie nicht taten? Wie viele werden in Teilen unserer Welt immer noch wegen der Fremdenfeindlichkeit getötet oder weil sie angeblich Ehebruch begangen haben? Wie viele müssen durch Abtreibung sterben? Möge Gott uns die Gnade geben, uns selbst in Frage zu stellen, bevor wir unsere Hände oder unsere Zunge gegen andere erheben. Am besten sollte ich in die Schuhe anderer schlüpfen, bevor ich sie verurteile. Mögen wir auch für den Geist der Unterscheidung beten, um gegenüber Konventionen wachsam zu bleiben und den Mut zu haben, bei Bedarf auch kritische Fragen zu stellen, damit wir uns nicht bloß einer Menge anschließen, um andere zu verurteilen. Mögen wir nicht zögern, für die Verteidigung anderer zu sprechen, besonders die Schwachen und Wehrlosen, egal ob sie männlich oder weiblich, geboren oder ungeboren sind. So können wir nicht nur das mögliche Opfer retten, sondern uns und viele andere vor der Zerstörung einer unschuldigen Person. So möge Gott uns helfen!

Gott segne dich!

Die heilende Macht Gottes

Num 21,4–9/Joh 8,21–30

Wie können wir unser Vertrauen in Gottes Liebe und Treue auch in Zeiten der Schwierigkeiten behalten? Die Israeliten in ihrer eigenen Schwierigkeit verloren die Hoffnung und begannen, sich gegenüber Gott und Mose zu beklagen. Durch Beschwerden wurde ihr Problem schlimmer. Schlangen kamen und bissen sie. Was wäre gewesen, wenn sie eine bessere Sprache benutzt hätten? Zum Beispiel sich daran zu erinnern, was Gott in der Vergangenheit getan hat und zu sagen: Gott, das hast du alles für uns getan, wir vertrauen, dass du uns auch diesmal wieder helfen kannst. Das heißt, beten anstatt sich zu beschweren, denn durch Beten werden Probleme zu Chancen.

Gott gefällt es, wenn wir ihm vertrauen, auch wenn wir seine Wege nicht verstehen können. Das Problem der Pharisäer war aber: Sie waren nicht in der Lage zu verstehen, wie der allmächtige, lang erwartete Messias und Sohn Gottes, und darum auch Gott selbst, Sohn eines Zimmermanns sein konnte, den sie gut kannten. Wie kann sich Gott so niedrig machen? Sie würden aber bald erkennen und bekennen, „das ist wahrhaftig der Sohn Gottes" (Mk 15,39), nachdem sie ihn zum Baum des Kreuzes erhoben haben, genau wie die zweifelnden ungeduldigen Israeliten bald an die Macht Gottes glauben würden durch die kupferne Schlange, die Mose für sie auf den Baum hängen wird.

Lasst uns immer daran denken, dass Gott immer mehr tun kann, als wir uns vorstellen können, und ihn in unseren Schwierigkeiten anrufen. Er ist so barmherzig, und durch seinen Sohn Jesus wird er uns von allem heilen, was uns belastet. Jesus, wir vertrauen auf dich!

Gott segne dich!

Die Wahrheit, Jesus macht uns frei

Dan 3,14–21.49.91–92.95/Joh 8,31–42

Jesus hat einmal gesagt: „… wer sein Leben um meinetwillen (um Gottes Willen) verliert, wird es retten" (vgl. Mk 8,35). Die Geschichte von Schadrach, Meschach und Abednego spiegelt diese Wahrheit auf sehr wundersame Weise wider. Sie entschieden sich, lieber im Feuer geröstet zu werden als eine von Menschenhand gemachte Statue des Königs Nebukadnezar anzubeten. Sie waren von der Wahrheit überzeugt, die sagt: „Vor dem Herrn, deinem Gott, sollst du dich niederwerfen und ihm allein dienen" (vgl. Die Versuchung Jesu, Lk 4,8). Sie waren auch sicher, dass sie mit dem Abgott des Königs einer großen Lüge zugestimmt hätten. Jesus hat es klar gesagt: Nur die Wahrheit wird euch befreien. Und genau so war es bei diesen drei Männern. Mitten im brennenden Feuer sangen und lobten sie Gott.

Aber wie können wir die Wahrheit erkennen? Jesus sagte zu seinen Zuhörern: „Wenn ihr in meinem Wort bleibt, … dann werdet ihr die Wahrheit erkennen" (vgl. Jn 8,31–32). Die Wahrheit ist also (in) Gottes Wort. Es gibt so viele Lügen, die jetzt verbreitet werden. Der Prüfstein für diese Lügen ist, dass sie immer bereit sind, Jesus zu verdrängen und irgendetwas an seinen Platz zu setzen: Komfort, Gesundheit, gute Figur, politische Korrektheit, Ideologien, cool oder nett zu sein, Reichtum, Macht, Ansehen oder sogar Wohlstand. Aber alles, was versucht, Jesus Christus oder den wahren lebendigen Gott in meinem Leben zu verstellen, ist falsch und kann mich nur zum Sklaven machen. Die Wahrheit, die in den Worten Jesu gefunden wird, wird uns befreien.

Herr, gib, dass wir deine Wahrheit – Christus – erkennen können und die Macht seiner Auferstehung erfahren!

Gott segne dich!

Aufbrechen auf einem neuen Weg des Herrn

Gen 17,1a.3–9/Joh 8,51–59

Gott segnete Abraham, weil er Gottes Stimme folgte und sein gewohntes altes Leben und seinen heidnischen Glauben in Mesopotamien hinter sich ließ für ein unbestimmtes neues, das der Herr ihm versprach. Infolgedessen belohnte Gott ihn mit einem neuen Namen, „Abraham" (kein Abram mehr) – er würde der Vater der Nationen sein. Die Juden zu Jesu Zeit waren immer bereit, ihre Nachkommenschaft von Abraham zu behaupten, waren aber kaum bereit, ihre alten religiösen Annahmen für den neuen Weg zu verlassen, den Jesus ihnen zeigen wollte. Abraham an ihrer Stelle wäre Jesus gefolgt, weil er verstand, was es bedeutet, alte Wege zu verlassen und sich für das Neue zu öffnen, im Gehorsam gegenüber Gottes Wort.

Heute werden sich viele den Segen Abrahams wünschen, weil sie sich als geistige Nachkommen von Abraham verstehen. Ich mich auch! Wenn wir geistige Kinder von Abraham sind, dann haben wir in unserem spirituellen Gen die Fähigkeit, alte Wege hinter uns zu lassen und den neuen zu gehen, auf den Gottes Wort uns führt. Können wir es probieren?

Heiliger Geist, bitte zeig mir einen alten Weg in meinem Leben, den ich aufgeben muss, und öffne meine Augen für einen neuen, besseren, den der Herr mir durch sein Wort zeigt.

Gott segne dich!

Doch der Herr steht uns bei

Jer 20,10–13/Joh 10, 31–42

Im Leben ist es sehr notwendig, einen guten Grund zu haben, weiterzumachen, denn es wird 1000 andere Gründe geben, den Mut zu verlieren. Für den Propheten Jeremia war sein einziger Grund zum Weitergehen der Herr. Er beklagte, wie Freunde ihn in der letzten Minute verlassen haben: Meine nächsten Bekannten warten alle darauf, dass ich stürze. Aber er sah immer noch Hoffnung: „Doch der Herr steht mir bei wie ein gewaltiger Held."

In Jesu Fall wuchs die Ablehnung stetig an. Seine jüngsten Auseinandersetzungen hat er SSnicht nur mit den Pharisäern, sondern auch mit seinen Anhängern. Sie finden seine Werke und seine Gleichnisse gut. Sie mögen sein heilendes Wunder und das Essen, das er ihnen zusätzlich gibt. Nur sollte er nicht sagen, dass er der Sohn Gottes ist. Stell dir die Ablehnung und die Niedergeschlagenheit vor. Traurig, verheerend! Der einzige Grund, der ihn immer noch drängt, ist seine Beziehung mit dem Vater, die ihm eine Identität als Sohn Gottes gibt. Und er wird diese einzigartige Identität nicht leugnen, ganz egal, was die Leute tun oder sagen.

Mein Gebet ist, dass du für alle 1000 Gründe aufzugeben immer noch einen Grund findest, im Leben weiterzugehen.

Gott segne dich!

Seine Heilung stellt unsere wahre Würde wieder her

Ez 37,21–28/Joh 11,45–57

Der Prophet tröstet das Volk Gottes und verspricht, dass Gott seine zerstreuten Menschen zu einem (Volk) sammeln wird. Sie werden von ihrer Verehrung der niederen Götter geheilt und unter einem Fürsten versammelt werden, damit sie den Herrn als ihren einzigen Gott erkennen können.

In seinem Streit mit den Pharisäern (Joh 10,31–42) versuchte Jesus, sie von zwei Dingen zu überzeugen: was sie wirklich sind, „Götter", und was er selbst ist, der Sohn Gottes. Damit möchte er etwas sagen, nämlich: Dass wir Menschen nicht unseren Status/ unsere Stelle zu senken brauchen, indem wir niedrigere Götter verehren oder unser Leben von irgendetwas beherrschen lassen (Alkohol, Drogen, Hedonismus, Depression usw.). Zweitens ist Jesus der Sohn Gottes, das heißt, er ist unser Herr und Erretter; wir schulden ihm Dank, Lob und Anbetung, und nur zu ihm sollten wir rufen, wenn wir in Not sind, und nicht zu niedrigeren Abgöttern. Wenn diese Ordnung in geistlichen/spirituellen Beziehungen nicht eingehalten wird, wird unser Leben desorientiert, zerstreut und verwirrt!

Allerdings, falls wir uns von innen verwirrt und zerstreut sehen, ist es immer noch derselbe Jesus, der uns sammeln kann. Darum ist er gestorben, um die zerstreuten Kinder Gottes zu sammeln … Kaiaphas sagte, es sei besser, dass ein Mensch für alle geopfert werde, als dass das ganze Volk zugrunde geht. Richtig! Denn Gott hat die Welt so geliebt, dass er seinen einzigen Sohn gesandt hat, (um für alle zu sterben), damit der, der jetzt an ihn glaubt, nicht zugrunde geht, sondern ein ewiges Leben hat. Seine Gnade leite uns am Pfad des Glaubens, der Gerechtigkeit und des ewigen Lebens.

Gott segne dich!

Heilige Woche mit Jesus – Palmsonntag – Jesus, der vorbildliche König

Jes 50,4–7/Phil 2,6–11/Mt 26,14–27, 66/Mt 21,1–11

Das Königtum Jesu war immer für manche ein kontroverses Thema. Wir können uns noch daran erinnern, dass Herodes nach der Geburt Jesu alle Kleinkinder von null bis zwei getötet hat, nur um einen neugeborenen „König Jesus" zu verhindern.

Auf jeden Fall ist es überraschend, dass Jesus, der immer entkommen ist, wenn die Leute ihn „fangen und ihn zum König machen wollten", es nun genießt, offen als König gefeiert zu werden. Später wird auch Pilatus auf das Kreuz schreiben, dass Jesus der König der Juden ist.

Warum hat Jesus akzeptiert, dass er diesmal wie ein König behandelt wird? Er wollte den Punkt unterstreichen, dass er wirklich ein König und ein Messias ist. Jesus war jedoch von Anfang an klar, dass seine Auffassung vom Königtum eine andere war. Er sagte zu Pilatus: Mein Königreich ist nicht von dieser Welt. Und das stimmt. Von seiner Geburt an bis zum Tode hat Jesus immer den Weg eines anderen Königtums verfolgt: In eine Krippe geboren, starb er an einem Kreuz. Sein Reich steht im Gegensatz zu den politischen Königreichen der Welt, die durch Machtmissbrauch, Lügen, Intrigen und Egoismus gekennzeichnet sind – eine Situation, in der die Führenden die Menschen natürlich ausnützen. Jesu Königtum ist das der Demut, darum ritt er auf einer Eselin und nicht auf einem Pferd. Es ist ein Königtum des Dienens und der Liebe; der Liebe, die keine Grenzen kennt. Er ist ein König, der bereit ist, seinen Untertanen beizustehen und die Bitterkeit ihrer Leiden zu kosten und die Konsequenzen ihrer Sünden zu teilen: Verrat, Verlassenheit, Versprechen und Enttäuschung, Verleumdung, Intrigen, Ablehnung, Undankbarkeit, Verleugnung, Gleichgültigkeit, Mobbing,

Heuchelei, Sabotage, Hilflosigkeit, gehirngewaschene Menge, untreue Freunde, Feinde, Missbrauch von Recht, Religion und Politik, Lügen, Propaganda, Sünde, Ungerechtigkeit, Schmerz, Trauer und Tod. Jesus wird all diese Konsequenzen der Sünde nicht nur kosten, sondern hinwegnehmen und seinen Leuten ihre Freiheit und Freude zurückgeben. Das ist ein Geheimnis des Glaubens und der Liebe.

Wenn Jesus das alles für uns in der Liebe getan hat, sind wir auch eingeladen, eine solche Liebe zu leben, die alles erträgt. Ich bete für uns alle, für die Gnade durchs Dienen zu leiten und unseren Mitmenschen durch Höhen und Tiefen beizustehen, sowohl unseren Geliebten (Familie und Freunden) als auch allen anderen Menschen, die uns begegnen, besonders den Ärmsten der Armen!

Gott segne dich!

Heiliger Montag – Beziehung auf dem Grund unvergänglicher Werte

Jes 42,5a.1–7/Joh 12,1–11

Maria (Schwester von Martha) hat die Füße Jesu gesalbt – eine prophetische Tat, die bedeutet: „Hier ist ein König, er wird bald sterben." Judas Ischariot missverstand sie völlig: „Warum hat man dieses Öl nicht für dreihundert Denare verkauft und den Erlös den Armen gegeben?"

Menschen wie Judas kennen den Preis von allem, aber den Wert von nichts. Der Preis wird nach äußeren Bedingungen berechnet, vor allem Marktnachfrage oder Meinung der Personen/Käufer über das Produkt und so weiter. Der Wert wird durch den Wert der beteiligten Personen bestimmt. Denn der Wert steigt nach Beziehung, Freundschaft, Liebe, Glauben, Vertrauen, Opfer, Überzeugung, Vorbild. Diese Werte liegen viel zu hoch für Geld.

Maria ging vom Wert aus, Judas vom Preis. Für Judas bedeutete Jesus zu diesem Zeitpunkt sehr wenig, weil seine Popularität sich dramatisch verringert hatte. Warum? Den Pharisäern war ihre Propaganda der Lügen gegen Jesus gelungen. Kein Wunder, dass Judas Jesus auf den endgültigen Aktionspreis von 30 Silberstücken (nicht einmal Gold) platzierte. Kein Wunder, dass er es völlig irrational fand, solch ein echtes, kostbares Nardenöl für jemanden zu verschwenden, der die Unterstützung der Leute verloren hat. Maria auf der anderen Seite sah in Jesus einen Schatz von unschätzbarem Wert. Seine Worte brachten sie vom Tod zum Leben, von der Dunkelheit zum Licht. Zu diesem Zeitpunkt, als die Menschen Jesus verlassen haben, hat Maria den Punkt erreicht, wo Jesus sowohl die Liebe als auch die Bedeutung ihres Lebens geworden ist; eine unbezahlbare conditio sine qua non (Oder eine bedingungslose Liebe).

Warum diese weite Kluft zwischen den beiden, Maria und Judas? Maria hat immer auf die Worte (Lehren) Jesu geachtet, und diese Worte haben Früchte in ihrem Leben getragen. Judas dagegen, obwohl er Apostel war, hat immer in seinem Kopf berechnet, was er an Materiellem aus der Nachfolge von Jesus gewinnen könnte, und so konnte er nicht viel von dem aufnehmen, was Jesus immer gesagt hat.

Lasst uns in dieser Woche Maria zum Vorbild nehmen. Lasst uns Jesus und seine große Liebe für uns in seinen Worten entdecken, in seinem Leiden und Tod, und vor allem in der Kraft seiner Auferstehung.

Gott segne dich!

Heiliger Dienstag –
Der Schmerz der Verleugnung

Jes 49,1–6/Joh 13,21–33.36–38

Johannes erzählt in der Episode des letzten Abendmahles die
Verlassenheit und Qual, die Jesus in seinen letzten Tagen erlebt
hat. Nicht einmal seine engsten Freunde würden ihm beistehen: Judas verriet ihn, Petrus verleugnete ihn.

Der Verrat von Judas war schmerzhaft. Er war noch schmerzlicher wegen der Liebe, des Vertrauens und der Zeit der Ausbildung, die Jesus in ihn investiert hatte: Er war einer der Nächsten
bei der Mahlzeit mit Jesus. Jesus hat ihm auch den sehr wichtigen Posten eines Schatzmeisters anvertraut, einen Posten, den
wir niemandem geben, dem wir nicht vertrauen. Judas missbrauchte all diese Privilegien und verriet Jesus.

Petrus' Verleugnung war nicht weniger schmerzhaft. Jesus
machte ähnliche Investitionen in ihn wie in Judas. Darüber hinaus wurde er mit der Leitung der Apostel und mit dem Schlüssel des Reiches des Himmels betraut. Aber er wird seinen Herrn
noch verleugnen.

Was die Sache für Jesus noch schlimmer machte, war, dass
er all dies vorhersehen konnte und nicht nur genau wusste, wer
ihn verraten oder verleugnen würde, sondern auch, dass fast niemand in der ganzen Gruppe, die mit ihm gegessen und getrunken hatte, ihm beistehen würde. Das kann weh tun. Aber Jesus,
mit seinem liebenden und barmherzigen Herzen, ist nicht dazu
bereit, jemanden aufzugeben. Er liebte Judas und gab ihm sogar den letzten Kuss, den Judas wieder missbraucht hat und zu
einem Kuss des Verrats machte.

Als Jesus ankündigte, dass einer seiner Jünger ihn verraten
würde, war jeder von ihnen schnell zu fragen: „Wer ist es, Meister?" Wir haben gesehen, dass fast jeder von ihnen seinen eige-

nen Anteil an Untreue hatte. So lasst uns nicht anderswo nach „Judas" suchen, sondern in uns selbst. Lasst uns jede Tendenz des Missbrauchs von Privilegien, Untreue, Verleugnung oder Verrat, die wir noch in uns haben, entdecken und Jesus übergeben.

Gott segne dich!

Heiliger Mittwoch –
Jesu Stunde ist auch unsere Stunde

Jes 50,4–9a/Mt 26,14–25

Ein paar Mal haben wir in den vergangenen Tagen von der Schrift gehört, dass die Gegner Jesu (die Pharisäer und die Führenden der Juden) ihn verhaften wollten. Es war aber nicht möglich, weil seine Zeit nicht gekommen war. Nun sagt Jesus selbst: „Meine Zeit ist nahe."

Nun, was meint Jesus mit „seiner Zeit"? Es ist klar, dass er über seinen Tod spricht. Aber Jesus hat immer auf diese Zeit gewartet und einige Male den Vater dafür verherrlicht. Das heißt, diese Zeit hat mehr anzubieten als nur den Tod, als nur das Ende seines irdischen Lebens. Es ist die Zeit der Erfüllung aller Prophezeiungen über Jesus. Es ist die Zeit, den lieben Willen des Vaters für die Menschheit zu vervollständigen. Jesus war wie eine Frau, die in den Wehen liegt. Sie zappelt vor Schmerzen, aber sie ist auch ermutigt, weil sie die Freude am kommenden Baby sehen kann, ein neues Leben.

In gleicher Weise konnte Jesus aus seinem quälenden Leiden sehen, wie er eine neue Menschheit zur Welt bringt. Er konnte sehen, wie er unseren Tod auf sich nimmt und uns vom ewigen Tod rettet. Er konnte sehen, wie er die Gefangenen vom Reich der Toten freisetzt, die dort gefangen waren seit den Tagen von Adam und Eva. Er konnte seine Eroberung über die Mächte der Finsternis und des Todes sehen. Er konnte seine Auferstehung und seine Spende des neuen Lebens für die Menschheit deutlich sehen. Er konnte sogar sehen, wie die neue Menschheit dieses neue Leben im Heiligen Geist genießt. Er konnte sehen, wie die Menschen zu Pfingsten mit dem Geist erfüllt werden; wie seine Jünger und ihre NachfolgerInnen von einer schüchternen Gruppe zu einer Zeugengemeinschaft verwandelt werden; wie sein Wort auf der ganzen Welt verbreitet wird; die Heilungen und Befreiungen, die in seinem Namen geschehen; Menschen, die die Freude ihres Lebens zurückerhalten, indem sie über ihn und über seine Worte hören; Kriminelle, die bereuen und ihren Weg zurück zur Lebensfreude finden, nachdem sie gehört haben, dass Jesus für sie am Kreuz gestorben ist.

Jesu Stunde ist also unsere Stunde, weil er das für uns getan hat. Mögen unsere spirituellen Kämpfe mit einem Sieg enden und wir das Leben, das er für uns mit seinem Tod erworben hat, in Fülle genießen. Er leidet und stirbt, aber sein Tod ist seine Verherrlichung, und seine Verherrlichung ist auch unsere Verherrlichung.

Gott segne dich!

Heiliger Donnerstag (Gründonnerstag) – Sakrament der rettenden Liebe Gottes

Ex 12,1–8.11–14/1 Kor 11,23–26/Joh 13,1–15

Am Gründonnerstag erinnern wir uns an die rettende Liebe Gottes für die Menschheit, die Jesus verkörpert und uns für immer im Sakrament hinterlassen hat. Denn aus Liebe schickte Gott seinen Sohn Jesus. Die Schrift sagt: Denn Gott hat die Welt so sehr geliebt, dass er seinen einzigen Sohn hingab ... (Joh 3,16). Jesus kam zu uns als Mensch gewordene Liebe Gottes. Er lehrte die Liebe: Liebe Gott und deinen Nächsten (vgl. Mtt 22,37), war seine Botschaft. Sein Leben und sein Sterben waren von der Liebe motiviert. So können wir sein Wort verstehen, das sagt: es gibt keine größere Liebe, als wenn man sein Leben für seine Freunde hingibt (Joh 15,13). Sein einziges Gebot war die Liebe: ein neues Gebot gebe ich euch, liebet einander, wie ich euch geliebt habe (Joh 13,34); Liebe war sein Mahl und sein Sakrament – die Eucharistie. Liebe war sein Beispiel – er wusch die Füße seiner Jünger. Er hat auch ein neues Priestertum eingesetzt, ein Priestertum der Liebe, damit seine Lehre, sein Beispiel und Sakrament der Liebe fortgesetzt werden.

Die Feier des Paschafestes der Juden war eine rituelle Zeremonie, um an das unvergessliche Ereignis der rettenden Liebe und Macht Gottes, die sie aus der Sklaverei in Ägypten durch wunderbarste Wege herausführten, zu erinnern. Wichtige Merkmale dieses Erinnerungsfestes waren: das Schlachten und Braten eines tadellosen Lammes und das Essen seines Fleisches, also ein Mahl. Das Blut des Lammes sollte an ihre Türpfosten gestrichen werden – eine Markierung für diejenigen, die gerettet werden sollten. Diese besondere Mahlzeit soll nicht entspannt gegessen werden, sondern eilig mit Bitterkräutern. Das heißt, das Mahl fordert das Einhalten der Regeln der Würdigkeit (Gottes Gebot halten und Reinheit des Herzens).

In der Nacht vor seinem Tod feierte Jesus sein eigenes Paschafest mit seinen Aposteln. Sein Paschamahl weist Ähnlichkeiten mit jüdischen paschamahl auf, unterscheidet sich aber auch von ihm.Er wählte die Nacht vor dem Paschafest, als Zeichen, dass er im Begriff ist, das Alte durch das Neue zu ersetzen. Anstelle von Lamm mit Fleisch und Blut wählte er Brot und Wein. Dankend segnete er sie und sagte: das ist mein Leib, das ist mein Blut. Das Brot ist sein Leib, das heißt, Jesus wird unser Paschalamm und unser Paschamahl, um uns Kraft für unsere irdische Reise zu geben, um uns satt und zufrieden im Leben zu machen. Gut genährt vom Leib dessen, der selbst die Liebe ist, können wir in der Liebe wachsen und so geistige Unterentwicklung vermeiden. Der Wein im Kelch ist sein Blut. Das heißt, das Blut Jesu ersetzt das Blut eines Lammes und wird dann zum neuen Zeichen der Befreiung und der Errettung, um uns vor spirituellen Schäden zu bewahren und uns unbesiegbar zu machen in unseren Kämpfen gegen die Sünde und das Böse. Dieses Mahl hat auch seine Regeln: Weil es ein Mahl der Liebe ist, soll das Herz eines jeden Teilnehmers mit Liebe für Gott und die Menschen erfüllt werden. Es ist ein Mahl, das mit vollkommener Liebe gegeben ist und nur mit gleicher Liebe empfangen werden soll.

Lasst uns immer bemüht sein, unsere Herzen von allem Hass und allen bösen Absichten zu reinigen, bevor wir uns dem Altar der Gnade nähern. Versuchen wir, die Liebe, die wir in der Eucharistie erhalten, mit unseren Brüdern und Schwestern zu teilen. Der heilige Augustinus meinte: Wenn wir Jesus essen, so sollen wir voll Liebe sein wie er. Gott helfe uns dabei!

Gott segne dich!

Heiliger Freitag (Karfreitag) – „CONSUMMATUM EST" – Es ist vollbracht

Jes 52,13–53,12/Hebr 4,14–5,9/Joh 18,1–19

Jesu letzte Worte am Kreuz lauten: „Es ist vollbracht". Damit ist das Ende des Alten und der Anfang des Neuen erklärt. Als „das Lamm Gottes, das die Sünden der Welt wegnimmt" hat Jesus die Schuld des alten Lebens der Sünde und der Unwissenheit über Gott und sein Gebot der Liebe durch seinen Tod getilgt. Er entthronte auch die Mächte der Unterwelt und gründete ein neues Leben, das von der Liebe geprägt sein würde, der Liebe, die kein Ende kennt. Deshalb bedeutet „es ist vollbracht" auch, es (ein Neues) hat begonnen.

Das Kreuz war der Ring des Kampfes, in dem er gegen Hass, Sünde und Tod gewann. Durch die senkrechte Seite des Kreuzes heilt Jesus die Beziehung zwischen Himmel und Erde, zwischen Gott und den Menschen durch die Wiederherstellung und sogar „Erneuerung" der Beziehung, die vorher war. Vorher waren Adam und Eva nur Freunde Gottes, aber nach Jesu Tod am Kreuz wurden wir Söhne und Töchter Gottes, Miterben von Jesus.

Durch die horizontale Seite des Kreuzes heilt Jesus die Beziehung zwischen den Menschen und versöhnt sie untereinander in sich selbst. Die vier Enden des Kreuzes repräsentieren die vier Himmelspunkte N, S, O, W; die vier Ecken der Erde oder die Gesamtheit der Bewohner der Erde. Jesus, der mitten in diesen Himmelsrichtungen angenagelt ist, versöhnt und vereint die menschliche Rasse getrennt und geteilt nicht nur geographisch, sondern innerlich durch Hass wegen Missverständnissen ihrer Naturvielfalt. Jesus vereinigt sie in sich selbst und zerstört die Wand der Unterschiede zwischen ihnen durch das „Consummatum est" seines Todes.

So ist das Kreuz unsere eigene Geschichte. Es ist die persönlichste Geschichte von jedem Einzelnen von uns. Aber wir denken immer an ihn als „geschlagen, als einer von Gott geschlagen und geplagt, aber er wurde für unsere Vergehen durchbohrt, für unsere Sünden zermalmt" (Jes 52,13–53,12). Ein amerikanischer Bischof und Diener Gottes, Fulton Sheen, lehrte, dass am Kreuz die Geschichte unseres Lebens geschrieben steht. In unserer Eile und aus Mangel an Tiefe schaffen wir es oft nicht, diese Geschichte zu interpretieren.

Jesus erlebte die schlimmsten menschlichen Situationen in Bezug auf Verlassenheit, Verrat, Ungerechtigkeit, Folter, Mobbing, Fall ... vor seinem Tod. Dadurch teilte er und teilt immer noch mit jedem, der gelitten hat, der leidet und der leiden wird. Wenn wir die Generationen der menschlichen Leiden berechnen können, dann werden wir beginnen, die prophetischen Worte des alten Buches der Klage über ihn zu verstehen: Schau mal, ob es irgendeinen Schmerz wie meine Trauer gibt (Klagelieder 1,12). Ich an Jesu Stelle hätte längst aufgegeben. Was hat ihm den Mut erhalten? Er hatte seine Gedanken fest beim Versprechen seines Vaters, ihn aufzurichten; und sein Auge auf der Frucht seines Leidens und Todes, das heißt dem Sieg des Heils für eine unzählige Anzahl von Menschen.

Das lehrt mich, dass die Auferstehung für diejenigen ist, die in ihrem gegenwärtigen Leiden Sinn finden. Sieg oder Größe ist für diejenigen, die im Glauben voraussehen und auf die Früchte ihrer gegenwärtigen Enttäuschungen oder Schwierigkeiten warten können.

Ich bete und wünsche uns, dass wir in der Lage sind, uns mit diesem Mann, der am Kreuz hängt, zu identifizieren, uns in ihm zu entdecken, indem wir uns ans Kreuz wenden, besonders, wenn wir in Schwierigkeiten sind. Ich bete auch, dass wir den Mut, den Glauben und die Hoffnung Jesu haben, die Früchte unserer gegenwärtigen Enttäuschungen vorauszusehen und abzuwarten; um das Licht vorauszusehen, wenn wir noch im Tunnel sind, und die Auferstehung trotz unserer gegenwärtigen Sterblichkeit zu sehen.

Gott segne dich!

Heiliger Samstag (Karsamstag) – Was ist mit Jesus nach seinem Ableben passiert?

1 Kor 15

Am Karsamstag hält die Kirche Wache und gedenkt ihres verstorbenen Herrn Jesus. Es ist ruhig. Es ist still. Die Liturgie schweigt; in der Regel gibt es keine Messe! Nur hoffnungsvolles Warten und die Ruhe. Es war aber am Karsamstag nicht überall ruhig, für Jesus auf keinen Fall. Denn er hatte noch einen Kampf, den er unbedingt bestreiten musste. Wie ist das gemeint? Sobald Jesus durch sein Leiden und Sterben die Sünden der Welt hinwegnahm, verbeugte er sich vor dem Tod, damit er in das Reich des Todes gelangen konnte, um alle freizulassen, die von der Macht des Todes gefangen waren, und somit den Tod endgültig zu schlagen. Nun, wenn er auch den Tod, „den letzten Feind", geschlagen hat, gibt es keine andere Festung zu besiegen (vgl. 1 Kor 15,27). Wir haben dann, ehrlich gesagt, nichts mehr zu fürchten. Denn „verschlungen ist der Tod vom Sieg. Tod, wo ist dein Sieg? Tod, wo ist dein Stachel?" (vgl. 1 Kor 15, 54b–55). Jesus wird sich aus dem Grab erheben als der Eroberer über alles, für alle Zeiten und für alle Ewigkeit. Der zweite Grund, warum er in das Reich des Todes ging, ist, um allen Verstorbenen Beistand zu leisten. Wer wirklich glaubt, ist deshalb nicht allein und kann nicht allein sein, nicht einmal im Tod. Wie Paulus sagt: Ob wir leben oder sterben, wir gehören dem Herrn. Möge das eine mutmachende Botschaft sein für diejenigen, die einen lieben Menschen verloren haben. Wir glauben und bitten darum, dass auch diese Verstorbenen nicht allein sein mögen; dass Jesus mit ihnen ist und dass er sie der Hand des Todes entreißen wird, um sie in die himmlische Freude zu führen. Er stehe uns bei, wenn wir mit dem Tod konfrontiert sind am Ende unseres Lebensweges.

Gott segne dich!

Endnoten

1 Chapman, T., https://www.youtube.com/
   watch?v=DqoLMGSBGYc
2 Kowalska, F., Tagebuch der Schwester Maria Faustyna
   Kowalska, Parvis,
3 Baker, W., Alone with none but thee, my God:
   Church Hymnal Ireland, 1960

Der Autor

Dr. Leonard Chinedu Ozougwu wurde 1977 in Enugu, Nigeria, geboren,
wo er auch Philosophie und Theo-
logie studierte. 2018 promovierte er
zum Thema Einfluss der Beziehung
zwischen AfrikanerInnen und Ös-
terreicherInnen auf neue christliche
Riten in Österreich.

Als Pfarradministrator in Schwertberg, Oberöster-
reich, engagiert er sich besonders durch seine viel
gelesenen Betrachtungen des Bibelwortes, um zu
zeigen, wie die Worte der Heiligen Schrift im Alltag
Orientierung, Halt und Kraft bieten können. Mit
diesem Vorsatz hat er auch zahlreiche Vorträge
gehalten und ist im Radio aufgetreten.

Seine Freizeit widmet er dem Lesen und Schreiben,
aber auch Sportarten wie Tanzen, Radfahren oder
Skifahren.